불법의 대들보

# 마음챙김 *sati*

일러두기

* 이 책은 활성 스님 법문을 단행본으로 엮은 '붓다의 고귀한 길 따라' 시리즈의 첫 번째 책임.
* 활성 스님 법문은 사단법인〈고요한소리〉에서 '소리' 시리즈로 출간되고 있음. 이 책의 본문은 《지금·여기 챙기기》(소리문고 4), 《소리 빗질, 마음 빗질》(소리문고 2), 《참선과 중도》(소리문고 6), 《참선과 팔정도》(소리문고 7)를 엮은 것임.
* 이 책에 나오는 경의 출전은 영국 빠알리성전협회PTS에서 간행한 로마자 본 빠알리*Pāli* 경임.
* 번역된 경은 스리랑카 불자출판협회BPS에서 간행된 영역본을 저본으로 함.
* 〈자비경*Karaṇīya Metta Sutta*〉, 《숫따니빠아따*Suttanipāta*》 게송 143~152, 아차리야 붓다락키따 *Ācariya Buddharakkhita* 영역, 강대자행 옮김.
* 〈염신경*Kāyagatāsati Sutta*〉, 《중부》, 119경, 냐나몰리 스님*Nyanamoli Thera* 영역, 현음 스님 옮김.
* 〈염수경〉, 《상응부》, 4권 '〈수상응 受相應, 느낌편〉 부분을 뽑아서 번역하고 서문을 붙임', 냐나뽀니까 스님 *Nyanaponika Thera* 영역, 규혜 스님 옮김.

불법의 대들보

# 마음챙김 *sati*

말한이 활 성 ㅣ 엮은이 김 용 호

고요한소리

# 책을 내면서

　　혼란과 불확실성의 시대에 진정한 행복, 진정한 지혜, 진정한 향상의 길은 무엇일까요? 활성活聲 스님은 '지금·여기서 마음챙김하는 데 그 길이 있다'고 설파하십니다. 늘 고요하게 우리를 일깨우는 스님의 말씀은 한 사람 한 사람 가슴에 큰 울림을 줍니다.

　　스님은 그날그날 모인 대중들에 따라 법을 설하시므로 당신의 법문이 책으로 출간되는 일을 마다하셨습니다. 하지만 주변의 성화도 있었고, 무엇보다 30여 년 동안 축적된 스님의 법문 녹취록을 성심껏 편집한 김용호 교수와 글을 다듬은 〈고요한 소리〉 윤문팀의 정성을 못 이기시고 허허하고 넘기셨습니다.

　　활성 스님은 어느 자리에서나 한결같이 부처님께서 고귀한 길이라고 하신 팔정도八正道의 중요성을 역설하십니다. 부처님 가르침의 핵심인 팔정도야말로 사람다운 사람의 길이고,

누구나 언젠가는 결국 팔정도를 걸어야만 인간 완성에 이른다고 일러주십니다. 스님은 팔정도 실천 수행에서 가장 중요한 바른 마음챙김, 삼마아사띠*sammāsati*는 처음부터 끝까지 놓치지 않고 챙겨야 하는 것임을 강조하십니다.

이 책은 마음챙김, 사띠를 중심으로 누구나 팔정도를 바르게 걸을 수 있는 이정표를 마련해 본 것입니다. 이를 위해 부처님의 원음을 담은 경經 가운데 사띠 공부에 기본이 되는 〈자비경〉, 〈염신경〉, 〈염수경〉을 실었습니다. 그리고 붙임으로 '어떻게 앉는가'를 넣었습니다.

부처님 법에 대해 스님이 들려주시는 맑고 고요한 소리가 인연 닿은 분들의 수행에 실질적인 도움이 되고 향상의 길에 든든한 도반이 되기를 기원합니다.

〈고요한소리〉 편집부

# 차례

비구들이여,

여래가 깨달은 '중中의 걸음[中道]',

눈을 밝히고 앎을 밝히는 것,

고요[寂靜]로,

수승한 지혜[神通智]로,

깨달음으로,

열반으로 나아가는 그 치우침 없는 걸음은 어떤 것인가.

그것은 '성스러운 여덟 가지 요소의 길[聖八支道]'이다.

즉, 바른 견해·바른 사유·바른 말·바른 행위·

바른 생계·바른 노력·바른 마음챙김·바른 집중이다.

〈초전법륜경 *Dhammacakkapavattana suttaṃ*〉

# 1장
# 지금·여기 챙기기

---

지금

여기

'지금·여기' 공부

무단외출 길들이기

하루에 천만 번이라도

어떤 분이 저더러 그럽디다. '스님은 만날 팔정도八正道만 얘기하십니다.' 똑같은 말만 되풀이한다는 말이지요. 제가 다른 것을 얘기할 만한 주변머리가 없습니다. 제 소견으로는 부처님 말씀이 전부 팔정도 얘기 같습니다. 그래서 저도 팔정도를 열심히 이야기한 거지요. 부처님 말씀이 다 팔정도니 제가 어떻게 하겠어요? 감히 다른 것을 지어낼 수도 없는 노릇이고.

여러분이 공부를 하면 할수록 팔정도의 필요성을 느끼실 겁니다. 팔정도에 의지하지 않고 공부하면 '공부 잘 된다' 싶을 때가 벌써 바로 마장이라. 그러다가 나중에는 엉뚱한 소리 하고, 심한 경우는 정신이 이상해지기도 합니다. 정신은 통일되었는데 길은 모르니까. 이 세상에는 온갖 가능성이 있습니다. 특히 참선해서 정신이 집중된 상태는 온갖 가능성을 다 실현시킬 수 있는 가장 비옥한 토양입니다. 그 토양에다 보리 심으면 보리 나고, 콩 심으면 콩 나고, 벼 심으면 벼 나는 겁니다. 엉뚱한 게 들어가면 엉뚱한 게 납니다. 그런데 우리는 '비옥하면 자연히 성불한다'라고 합니다. 비옥한 데다 부처 씨를 심으면 부처가 되겠지만 아무거나 심어서는 안 되겠지요. 그래서 법을 잘 알고 실천해야 하는데 그 법을 실천하는 방법에서 가장 잘 정리된 게 팔정도입니다. 팔정도를 알면 사통팔달로 부처님 법이 모두 와 닿습니다. 그래서 부처님이 팔정도를 '고귀한 길 *ariya magga*'이라고 하셨습니다.

　참선이 아닌 다른 공부도 마찬가지입니다. '복을 짓는다' 든가, '덕을 닦는다'든가, '인격의 완성을 기한다'든가, 모든 공부가 팔정도라는 바른 길을 잃으면 마장이 낍니다. 복 짓기도, 덕 닦기도, 인격의 완성도 결국은 팔정도의 실천입니다. 우리의 모든 실천은 결국 팔정도로 집약됩니다. 팔정도를 더 정확하게 이해하고 구체적으로 실천해나가는 노력, 거기에 모든 것이 담겨 있습니다. 이는 더 말할 필요가 없는 절대적인 명제입니다. 그런 취지에서 오늘은 팔정도의 일곱 번째인 바른 마음챙김, 정념正念에 관해서 말씀 드리겠습니다. 이에 관해서는 제가 '마음을 챙긴다'는 뜻으로 많은 이야기를 해왔고, 정지·정념 하는 방법은 그동안 〈고요한소리〉 간행물에서도 누누이 강조해왔기에 그 방법에 대해서는 더 얘기하지 않겠습니다. 오늘은 '마음을 챙긴다'는 것이 실천분상에서 어떤 의미를 갖는지에 대해 좀 더 명확하게 짚고 넘어가고자 합니다. 이에 관해서는 여러 가지 표현이 있지요. '정지正知 정념正念을 한다', '행주좌와行住坐臥 어묵동정語默動靜에서 자기 내관內觀을 한다', 앉아서 '이뭣고를 든다', '염불을 한다', '수식隨息을 한다', '호흡을 관한다' 등등. 이런 것들은 뭘 의미할까요? 이에 대해 꼼꼼히 생각해보는 것은 특히 한국 불자에게 필요합니다. 그냥 으레 그렇게 하는 걸로 아는 데 그치면 거기에 큰 함정이 도사리고 있을 수 있으니까요. 그런 함정은 메우고 건너가야지요. 그래서 오늘은 그 '챙긴다'는 것이 과연 무엇인가를 곱씹어보고자 합니다.

부처님은 이런 말씀을 하셨습니다. '지금·여기', '지금·여기서 깨달음을 얻는다', 이 '지금·여기서 해탈解脫 열반涅槃을 한다.' '지금·여기'는 불교에서, 특히 근본불교에서는 가장 많이 나오는 용어 중 하나로 아주 중요한 말입니다. 우리의 공부는 지금·여기를 챙기는 일입니다. 지금·여기를 챙기는 것, 그것을 바른 마음챙김, 정념이라고 합니다. 그것이 바로 공부라 할 수 있습니다.

# 지금

    '지금·여기'라는 말은 너무나 쉬운 뜻입니다. 말 그대로입니다. 바로 '지금·여기'입니다.

    '지금'은 과거나 미래에 대비되는 개념이지요. 현재라는 뜻입니다. 지금에다 마음을 챙긴다 함은 말 그대로 과거나 미래에 정신을 빼앗기지 않음입니다. 과거나 미래는 둘 다 뭔가? 사실상 과거, 미래는 또 하나의 관념 세계입니다. 무엇이 과거입니까. 어제 그저께는 가까운 시간이지만, 실제로는 이미 지나가버린 것입니다. 그래서 과거는 우리에게 기억의 형태로만 존재합니다. 이는 곧 실제로는 존재하지 않는다는 뜻입니다. 즉 리얼real한 것이 아니다, 현실reality이 아니라는 말이지요. 과거는 지나간 것이지요. 지나간 것은 기억으로만 존재하고, 기억은 우리가 겪었던 경험의 어떤 측면에 치우친 관념적 인식입니다. 예를 들면 강렬했던 어떤 부분, 강렬했던 인상이나 느낌, '옳다·그르다', '좋다·나쁘다'와 같이 사람이 사물을 강약으로 받아들이는 틀로 가공된 것이 기억입니다.

어떤 사람은 옳고 그른 것을 중심으로 해서 느끼는 경향이 있는가 하면, 어떤 사람은 아름답다 추하다 하는 측면에서 느끼는 경향이 있습니다. 그것은 사람마다 각각 다 다릅니다. 똑같은 하나의 사건을 놓고도 미추美醜를 중심으로 예민하게 받아들이는 사람, 선악善惡을 중심으로 강렬하게 받아들이는 사람, 이로움과 해로움을 중심으로 강력한 인상을 받아서 기억하고 간직하는 사람 등등 다 다릅니다. 이는 그 사람의 '업을 짓는 경향성 혹은 특징'이라 볼 수 있겠지요. 그러다 보니 하나의 사건에 대해 가지고 있는 기억이나 인식도 그 사람의 성향에 따라서 다 다릅니다. '아, 그 사건 참 기분 좋았어', '나빴어' 하는 사람도 있고, '참 아름다웠어', '추했어' 하는 사람도 있고, '참 이로웠어', '해로웠어' 하는 사람도 있습니다. 그러나 공통되는 한 가지는 과거 사건이 어떤 부분의 인식으로만 존재하지 리얼한 모습으로 눈앞에 전개되는 것은 아니라는 점입니다. 즉, 자기의 업상 속에 이미 갈무리되어 관념화된 추억일 뿐입니다. 우리의 과거는 그러한 형태로 존재합니다.

미래는 아직 오지 않은 것입니다. 아직 오지 않았기 때문에 역시 부처님 말씀대로, 실재하는 것이 아닙니다. 실재하지도 않는데, 우리는 미래에 대해서 각기 자기의 성향대로 여러 가지 많은 바람을 가지고 대합니다. 청소년기의 무지갯빛 꿈으로 미래를 대하는 성향이 있는가 하면, 장년기의 아주 실질적인 이해타산의 감각으로 미래를 부지런히 계산하는 성향도 있고, 노년기의 두려움과 거부감으로 미래를 대하는 경향도 있습니다. 뿐만 아니라 앞서 말한 개인적 소양이랄까 업의 경향성에 따라서 미래가 존재하는 모습도, 우리에게 비추어지는 모습도 각양각색입니다. 그런데 미래가 아직 오지 않은 상태로서 실재하지 않고, 그 사람의 성향에 비친 관념으로서 존재한다는 점에서는 역시 동일합니다. 과거도 미래도 우리 눈앞에 있지 않은 하나의 허상입니다. 우리는 과거나 미래에 대해 실제 사물을 보듯이 보는 것이 아니고 관념의 창구를 통해서 관념 조작을 하면서 보고 있다는 것입니다. 그러니 허상이지요.

그런데 이런 과거나 미래가 우리에게 행사하는 힘은 대단히 큽니다. 어떤 사람은 과거를 거의 끌어안고 삽니다. 과거의 추억 속에서 살고, 현재는 과거의 추억을 일으키는 하나의 모멘트로서만 사는 사람도 있습니다. 또 젊을수록 미래에 대한 꿈만 꾸면서 사는 경향도 강합니다. 이런 얘기를 들으면 '왜 과거를 살고 미래를 살아, 현재를 살아야지' 하는 생각이 드는 게 너무나 당연합니다. 그런데 그 당연한 것을 당연하게 하지 못하게 하는 게 바로 사바세계의 구조적인 갈등이에요. 당연한 그것을 못 한다 이 말입니다. 당연히 현재를 살아야 할 텐데……. 조금만 체계적으로 자신을 돌아보면 깜짝 놀랄 겁니다. 자신이 얼마나 과거에 살고 있는지, 가끔은 미래에 살고 있는지, 또 현재에 살고 있는 순간은 얼마나 적은지 말입니다. 들여다보면 볼수록 그렇습니다. '나는 현실주의자야', '나는 현재를 사는 자야' 하는 사람들도 엄밀한 의미에서 대부분 과거를 살고 있습니다.

우선 우리가 가지고 있는 가치관이라는 것부터가 과거입니다. 과거에 겪은 것이 되풀이되는 동안 쌓이고 쌓여서 마침내는 굳어진, 그 어떤 과거 성향의 유산이 지금의 우리를 구속하고 있을 때, 그리고 과거에 생각해서 판단했던 것들이 하나의 가치관이 되어 지금의 나를 지배하고 있을 때, 여러분은 이미 과거를 사는 것이지 현재를 살고 있는 것은 아닙니다.

'좋다, 나쁘다' 하는 것도 자세히 보면 황당무계하지요. 과거의 어떤 시점에 또는 어떤 가르침의 분위기 속에서 무엇인가를 좋게 받아들였을 수도 있고 나쁘게 받아들였을 수도 있을 텐데, 바로 그것이 되풀이되며 어느덧 자기의 습관과 성향이 되어 지금의 나를 지배하고 있다면 그 사람 또한 과거의 수인囚人이다 이 말입니다. 과거에 갇혀 사는 수인. 통념이라는 지극히 속기 쉬운 어떤 관념적 사고 성향을 습관적으로 지속하고 있기 때문에 우리는 현재를 과거식으로, 과거의 수인으로 살면서도 그것을 깨닫지 못할 뿐입니다. 이 사바세계가 우리를 그렇게 꽁꽁 묶어놓습니다. 남들과 어울리면서 세상을 적당히 산다는 자체가 과거에 갇혀 살기를 강요하는 체제입니다. 우리

주변에 온통 범람하고 있는 여러 가치관, 그 언어들 전부가 다 과거의 소산이거든요. 그 과거들이 어떤 때는 종교라는 이름으로, 어떤 때는 이데올로기라는 이름으로, 또는 가치관이라는 이름으로, 논리적 필연성이라는 이름으로, 별별 이름과 명분을 달고 우리를 지배하고 있습니다. 우리가 어느 정도로 과거를 살고 현재는 생략하고 있는지는 상상을 넘어섭니다. 부처님은 그 중대한 사실을 발견하셨기에 '지금을 살지, 과거를 살지 말라'고 간절하게 타일러주신 것입니다.

생각해보십시오. 우리가 한 살이라도 더 나이 먹고 하루하루 새 날을 맞이하면서 그만큼 구각에서 탈피하고 더 발전해야 마땅한 것 아닙니까. 너무나 당연한 이야기입니다. 예를 들면 여러분들이 가정에서 자녀들에게 뭘 요구합니까. 초등학교에 다니면 무난히 중학생이 되기를 바라고, 그 다음에는 고등학생이 되기를 바라고, 그 다음에는 대학생으로 올라가기를 바라지요. 그 자리에 머물길 바라진 않습니다. 그 자리에 머무는 것을 유급이라고 하지요. 얼마나 끔찍이도 싫어합니까? 그런데 우리 정신이 과거의 수인이 되어서 과거에 받아들였던 어떤 가치관, 과거에 채택하기로 결단했던 가치관에 맹목적으로 매이고, 그 가치관이 오늘의 삶을 사는 지침으로 작용하고 있다면 그 사람은 유급생 아닙니까? 바로 낙제생 아닙니까? 부모는 낙제하면서 자식들은 진보하라고 하면, 그 말은 맞습니까?

그런 중대한 모순이 자신도 모르게 바로 우리 생활 깊숙이 도사리고 앉아서 우리를 구속하고 있는데, 이 문제에 대해 깊이 숙고하지는 않는다는 말입니다. 게다가 사회체제는 온갖 장치를 통해 우리가 깊이 숙고하지 않도록, 그러한 관념과 허상들의 끝도 없는 유희에 계속 춤추고 놀아나도록 강요하고 있습니다. 텔레비전, 신문, 잡지 따위는 말할 것도 없고, 소위 양서나 악서 가릴 것 없이 모든 책들도 우리를 과거의 수인으로 머물도록 강요하고 있지요. 그래서 허상 속에 살면서 계속 허상을 좇도록 아주 입체적이고 체계적으로 내몰고 있습니다. 이에 대한 자각 없이, 이 사회체제가 정치적, 경제적으로 조금 틔워준 숨구멍, 그저 그 구멍만으로 숨 쉬면서 마치 자기가 끝없는 발전이나 하고 있는 듯 현실에서 유급하지 않고 진보하고 진학하고 있는 듯이 착각하면서 자식들에게도 그런 길을 걷도록 강요하고 있다면 대단히 안타까운 일이지요. 그래서 부처님이 '지금을 보라', '지금을 챙기라'고 말씀하시는 것입니다. 이렇게 돌아보면 부처님 가르침에 '지금'이라는 말 한 마디가 얼마나 정곡을 찌르는 깊은 뜻을 지닌 말씀인지 여러분 충분히 짐작이 가실 겁니다.

# 여기

　'여기'라는 말은 또 뭘까요? 여기. '여기'는 '저기'가 아닌 곳입니다. 바깥도 아니고 다른 데도 아닌 바로 그 자리. 시간상의 지금처럼 곧 공간적으로는 여기인데, 이 여기는 그럼 어디일까요? 한국 땅입니까? 서울입니까? 인사동입니까? 우리가 모인 이 집 안입니까? 아닙니다. 여기라는 곳은 이 오온五蘊을 말합니다. 여기라는 공간, 이것도 관념이지요. 이 공간을 살고 있는 확실한 요소, 실제의 리얼한 요소는 '오온의 작용' 말고는 없습니다. 부처님이 말씀하시는 여기는 관훈동 172번지가 아닙니다. '나'라고 하는 허구의 최심층 단위, 그 단위를 이루는 가장 리얼한 요소로서의 오온입니다. 물론 제법무아의 시선에서 보면 그것도 실재實在가 아니지요.

　그러나 허구에서 벗어나 실제實際를 통해 우리의 통찰력을 키우려고 하면 이 오온 말고 어디 다른 데서는 더 실제적인 것을 구할 수 없습니다. 그래서 여기는 바로 이 오온입니다.

　여기 육신이 있습니다. 즉 오온 중에 색온色蘊이 있습니다.

색온이 지금 '숨을 들이쉰다, 내쉰다'는 행을 하고 있습니다. 들이쉰다, 내쉰다. 〈염신경念身經〉에는 '신행身行을 고요히 하면서'라는 말이 있습니다. 신행身行은 몸이 하고 있는 행위를 말하지요. 여러 행行 가운데 궁극적 의미에서 몸과 가장 불가분 한, 그것이 없으면 몸이 존재하지 못하는 행은 바로 호흡입니다. 숨을 쉬지 않으면 결국 죽고 썩어서 몸도 사라지지 않습니까. 간단합니다. 그 신행, 즉 호흡을 보라는 말입니다. 바로 여기의 호흡을 보라는 말입니다. 왜 '호흡을 관하라', '호흡을 염念하라' 하는지 아시겠습니까? 관세음보살을 염할 수도 있고 별별 공부 방법이 다 있는데, 왜 부처님은 '호흡을 보라' 하시느냐? 처음부터 지금·여기를 보는 연습으로 가르치신 말씀입니다.

'지금·여기'에서 우리에게 가장 분명한 사실은 이 육신이 숨을 쉬고 있다는 것입니다. '내'가 숨 쉬고 있는 것이 아니라 '육신'이라는 마당에 호흡이라는 과정이 진행되고 있다, 그것만이 생생한 사실입니다. 과거의 호흡을 보라는 것도 아니고 미래의 호흡을 보라는 것도 아닙니다. 아까 쉬었던 숨이 아니고 '지금·여기'서 일어나는 숨을 보라는 겁니다. 숨이 나가고 있으면 나가는 것을 보라. 숨이 들어오고 있으면 들어오는 것을 보라. 숨이 끊어졌으면 끊어진 것을 보라. '지금·여기'를 보라' 그래서 호흡을 보라 하신 것입니다. 왜? 지금·여기를 보는 출발이 이 몸이기 때문입니다. 바로 〈염신경〉이 지금·여기를 보는 첫 연습으로서 몸을 보는 훈련을 담고 있습니다. 몸이 사념처 중 첫 번째 볼 것입니다. 사념처四念處는 몸 말고도 느낌, 마음, 법을 포함합니다. 〈염처경念處經〉은 지금·여기서 볼 네 가지를 다루고 있습니다. 시작은 염신念身부터입니다. 신身에 대한 염念부터 먼저 익혀야 지금·여기를 보는 훈련의 기초를 닦을 수 있습니다.

그 다음이 느낌을 보는 공부지요. 공부 좀 해보신 분들은 경험이 다 있을 거예요. 가만히 앉아 있으면 어떤 때는 얼굴에 실룩실룩 벌레가 기어갑니다. 이거 무슨 벌레가 기어가나 싶어 손을 대보면 아무것도 없어요. 그러한 느낌의 허구성을 알기 위해 '지금·여기에서 일어나고 있는 느낌을 찾으라'는 이야기입니다.

또 지금·여기에 일어나고 있는 일이 마음을 통해 나타난 것일 수도 있습니다. 지금·여기서 마음 상태에 변화가 일어납니다. 예를 들면, 지금 내 마음이 기분이 좋다, 그런데 어떤 소리를 듣는다, 그 순간 내 마음이 그냥 급전직하로 내려앉거나 가라앉는다, 또는 좁아진다, 그런 경험들 많이 하고 계시지요? 또는 말 한마디 듣고 갑자기 기분이 다 풀리고 좋아져 의기충천하다가 다시 소침해지다가 하는 이루 말할 수 없는 변화가 우리 마음속에서 일어나고 있지요. 이 역시 지금·여기서 일어나는 현상입니다. 그 마음 상태의 변화를 놓치지 말고 보라는 것입니다. 왜? 그것이 바로 지금·여기니까요.

법이라는 측면에서도 지금·여기를 봅니다. 바로 법념처法念處지요. 예를 하나 들어보면, 내가 졸린다. 이것은 분명한 사실입니다. '졸음이 온다, 졸음이 온다'고 보란 말이지요. 졸음은 법념처 다섯 가지 장애 중 혼침 장애이니, 법을 보는 것이 됩니다. 지금·여기 일어나는 걸 놔두고 딴 것에 정신을 팔지 말고 바로 그것을 보라는 말입니다.

# '지금·여기' 공부

    '지금·여기'에 마음이 기쁘고 들뜨면 그럼 기쁘고 들뜨는 것을 보라. 지금·여기에 욕심이 일어나면 '욕심이 일어난다'고 보라. 지금·여기에 '성내는 마음'이 일어나면 바로 '성내는 마음이 일어났다'고 보아야지 성내는 마음 상태의 원인이 되었던 바깥 경계를 좇지 말라는 말입니다. '누가 무슨 말을 해서 성이 나고 있다' 하는 순간에 보통사람들은 말을 한 그 사람에 대해서만 신경을 씁니다. '누가 기분 나쁘게 무슨 말을 해서 내 심기를 다 건드렸어, 나쁜 사람이야.' 이런 식으로 맹렬한 사고활동이 시작되면서 증오하고 원망합니다. 별별 마음을 다 일으킵니다. 그러한 마음이 일어나면 실타래에서 실이 풀리듯이 끝없이 풀려나가면서 점점 요상한 요인들이 첨가되고 가속화되어서는 더 맹렬해집니다. 이 모두가 사바세계에서 삶의 모양을 짓는 과정들이지요.

    우리가 불행하거나 비참한 것도 다 그 때문이지 무슨 다른 이유가 있습니까? 그래서 우리가 고통을 하소연하지만 정

작 사실을 들여다보면 딴 판입니다. 지금·여기에 증오가 일어날 때 '증오가 일어난다'고 보아야 할 텐데 지금·여기가 아닌 바깥에 있는 남을 보고 있습니다. '그 사람이 무슨 말을 했다'는 사실만 챙기고 있는 것이지요. '그가 무슨 말을 했다. 그것이 옳다, 그르다, 억울하다' 이런 식으로 바깥에 마음을 다 팔고 있으니 자기 내부에서는 갈등과 고뇌가 끝없이 실타래처럼 이어가건만, 거기에 대해서는 속수무책입니다.

이렇게 되면 공부인이 아니지요. 공부의 '공'자도 모르는 셈이지요. 공부인이라면 빨리 바로 지금·여기를 챙겨야 합니다. 0.1초만 지나도 과거입니다. 아까 누가, 금방 누가 무슨 말을 했다 해도 그것은 과거입니다. 지금 누가 말하고 있다 해도 그 말은 금방금방 과거로 되고 있기 때문에 내내 과거입니다.

그러므로 바깥은 필연적으로 과거입니다. 그러한 바깥, 남, 누가 무슨 말을 했다 따위는 전부 과거입니다. 지금·여기의 오온이 아닌 바깥의 오온, 남은 벌써 관념적인 대상입니다. 내가 생각하는 그 사람이 친구다, 적이다, 친절한 사람이다, 불친절한 사람이다, 이것은 모두 관념입니다. 실제가 아닙니다. 내가 일방적으로 판단했든, 어떤 근거에 입각해 판단했든, 다 과거에 기인해서 설정된 관념체계의 산물입니다. 그 관념체계를 나의 상전으로 계속 모시고 있는 것이지요. 그래서 온 마음을 그쪽에 쏟고 있는 것입니다. 끝이 없지요. 그것이 신일지라도,

하느님일지라도, 부처님일지라도 다 과거입니다.

공부인은 정신을 과거에 잠시도 빼앗기지 않으려고 노력하는 사람을 말합니다. 지금·여기가 아닌 바깥에 정신을 빼앗기지 않으려 노력하는 공부를 하는 사람입니다. '정신을 뺏긴다'는 말과 '챙긴다'는 말의 차이를 정확하게 이해하셔야 합니다. 바깥에 무엇이 있든 간에 안 보겠다 하면서 눈 딱 감고 '나 몰라라' 하는 태도를 말하는 것이 아닙니다. 반대로 눈 딱 뜨고 그것을 보겠다는 말도 아닙니다. 지금·여기를 보는 것은 그런 태도가 아닙니다. 더 깊이 생각합시다.

누가 나를 향해 무언가 말하고 있을 때, 내가 그 말을 듣고 말뜻을 헤아리는 데 온통 정신을 쏟고 그 말의 흐름에 내 마음이 매몰되고 함몰되고 지배당하고 있다면, 그것은 정신 팔린 것입니다. 분명히 말을 듣고 있습니다. 그 뜻을 챙기고 있습니다. 그러면서도 자기의식을 객관화시켜 그것에 마음을 딱 앉혀서 내가 '말을 듣고 있다'는 사실을 관하고 있다면, 그것은 마음을 챙기고 있는 것입니다. 말을 듣고 있지 않다는 것이 아닙니다. 말을 들으면서 그 말을 듣고 있는 자신의 의근意根, 즉 육근六根 중의 의근에서 지금·여기 일어나고 있는 일을 관하고 있다면 마음을 챙기고 있는 것입니다. 남이 무슨 말을 했는지 하나도 모른다는 뜻이 아닙니다. 그것하고는 다른 차원의 이야기지요. 오히려 더 잘 들을 수 있지요. 더 정확하게 들을 수 있지요. 덜 주관적인, 비주관적인 태도로. 듣고 있는 것은 제대로 듣고 있는 것으로. 이러한 들음은 그 자체로 항상 거기서 완전히 끝나버리는 것입니다.

거기에 대해서 내 마음속에 어떤 반응이 일어나는 것은 다른 사실입니다. 그러면 그 마음의 반응, 예를 들면 거기에 대해서 '기쁘다, 슬프다, 노엽다, 즐겁다' 하는 감정이 일어나면 그것대로 또 관찰 대상이 됩니다. 그 마음 반응의 실타래에 얽혀 줄줄줄 이어져 나가도록 맹목적으로 방치하지 않아야 합니다.

그렇게 하는 것을 '공부한다'고 합니다. 즉 마음을 챙기고 있다는 것입니다. 그러다 보면 몸으로부터 시작해서 오온에서 일어나는 일체의 일을 하나도 놓치지 않고 다 볼 수 있게끔 발전합니다. 보는 눈이 계속 발전합니다. 그래서 나중에는 행주좌와 간에 어묵동정 간에 그 모든 신행과 그에 뒤따르는 여러 느낌, 마음, 법, 이 모든 것을 다 관觀할 수 있게 됩니다. 또 의도적으로 그렇게 하도록 스스로를 꾸준히 훈련하게 됩니다. 이 훈련을 보통 '공부'라고 부르는 것이지요. 오온에서 행이 일어나면, 그것을 관하면서 관하기 자체를 잠시도 놓치지 않으려고 애쓰는 것입니다.

처음에는 힘이 무척 들지요. 의도적으로 노력하니까 처음에는 상당한 에너지를 소비합니다. 그러나 이런 노력이 자리 잡히면 나중에는 그냥 자동적으로 힘들이지 않고도 저절로 하게 됩니다. 그런 지경까지 가야 합니다. 가야만 합니다. 그러한 경지에 이르면 결과적으로 어떻게 될까요?

과거에 매여 살던 때는 바깥 경계가 끊임없이 나를 지배했습니다. 바깥 경계가 나를 지배하면 끔찍한 고통의 연속이지요. 바깥 경계에 무슨 즐거운 일이 있습니까? 심지어 가장 맛있다는 음식도 계속 즐기다 보면 배탈이 나고, 단것을 많이 먹으면 당뇨가 온다느니 기름진 것을 많이 먹으면 고혈압이 온다느니 별 공포스러운 이야기와 생각들이 따라오고, 실제로 그런 결과가 나타납니다. 그러니 바깥 경계에 정말 즐거운 것이 뭐가 있기나 한지 의문입니다. 정말 즐거운 일이 바깥에 있을 수 있을까요? 즐거움이 몇 순간을 더 지속하는가 싶다가 바로 본색이 드러나는 경험을 여러분도 많이 했지요? 즐거움이 바로 고통의 씨앗이지요. 바깥 즐거움이라는 게 그렇습니다. 좋은 친구 만나서 반가웠는데 곧 떠나 버려요. 참 섭섭하지요? 배우자든 자식이든 누군가를 만나서 즐거운 것, 그 느낌이 언제까지나 기쁨의 원천이 되던가요? 온갖 세상사, 고통의 한 시작이 아니었습니까? 자기 마음과 정신의 주도권 또는 운전 권한을 바깥에 맡겨놓고 사는 것은 참으로 속절없고 불안합니다. 고통스러운 일입니다. 그런 측면에서도 우리는 이 마음을 더 이상 바깥에 맡겨서는 안 됩니다. 더 이상 마음을 바깥 경계에 맡겨놓고 안주해서는 안 됩니다. 야박한 이야기 같지만 이제는 바깥에 맡겨놓았던 마음을 내가 다시 챙겨야겠습니다.

무아無我와 같은 불교의 근본 개념을 너무 비근한 데다가 함부로 적용시켜서 그것을 챙기려고 하면, 그건 공부가 순서를 잃은 것입니다. 옳게 챙겨야 무아의 깨달음에도 도달할 수 있습니다. 옳게 챙기지 않으면 무아는커녕 아무것도 못 이룰 것입니다. 그래서 순서 있고 체계적인 접근이 반드시 필요합니다. 부처님은 법을 깨닫는 길을 우리에게 안내해주려고 나오셨지, 법을 만들어 우리에게 선사만 하려고 나오신 것은 아닙니다. 불제자는 부처님을 만났기 때문에 마땅히 그만큼 체계적으로 법에 접근할 수 있어야 합니다. 그리고 법을 자기 것으로 만들 수 있어야 합니다. 너무 거창한 개념과 이야기들에 미리 훈습되어 가지고 사고가 단계성, 체계성을 생략하거나 소홀히 하지는 말아야겠습니다. 불교는 겉멋이 아니니까요.

체계적으로 닦는 법의 시발이 바로 마음챙김이지요. 우리는 마음을 자꾸 챙겨서 지금·여기에 일어나고 있는 오온의 작용, 오온에서 발생하는 과정을 간단없이 지켜보도록 애써야겠습니다. 그리하면 부처님의 그 크고 거룩하고 깊은 가르침을 다 내 것으로 만들 수 있습니다. 부처님께서 말씀하신 '해탈'도 육도 윤회를 끝내는 거창하고 궁극적인 것으로만 생각하면 안 됩니다. 〈고요한소리〉에서 나온 《자유의 맛》이라는 책 보셨지요? '자유의 맛, 해탈'이라는 말이 얼마나 현실적이고 가깝게

다가옵니까. '기아로부터의 해방', '공포로부터의 해방'이라고 할 때, 그 해방이 바로 자유입니다. 이것이 해탈입니다. 우리가 어떤 습관으로부터만 벗어나도 바로 해탈입니다. 궁극 해탈이 아니라는 것뿐이지. 그러니까 해탈은 비근한 데서부터 시작해서 구경究竟에까지 걸쳐 있습니다. 우리도 비근한 데서부터 시작해서 구경에까지 나아가면 됩니다. 그 나아가는 길이 처음에는 쉽고 뒤에는 어려운 것도 아닙니다. 길은 같습니다. 내내 지금·여기에서 마음을 챙기도록 부단히 노력하는 것입니다.

# 무단외출 길들이기

    우리 마음에는 어떤 바람이 있습니다. 한참 공부하다 보면 나중에 그 바람이 경계로 나타납니다. 그때 사람들은 지금·여기를 벗어나 경계로 나타난 바람 속에 안주합니다. 그래서 험난한 길로 빠져 들어갑니다. 만약 우리에게 바람이 없다면, 왜 마경魔境이나 헛것에 속아서 야단법석을 떨겠습니까. 다 자기 스스로 만든 환幻이지요.

    지금·여기를 떠나서 과거나 또 가끔은 미래 다른 곳에 가서 만나는 환상, 그걸 명색名色이라고 합니다. 명색에 정신 팔리는 버릇, 그 버릇에 물들어 있으면 바로 십이연기에서 말하는 바 '식識이 있으면 명색이 있고, 다시 촉觸·수受·애愛·취取가 있어서 끊임없이 윤회하는' 것입니다. 그게 바로 바깥 외출이에요. 외출의 구멍이 육입六入입니다. 따라서 육입은 육출六出이기도 하지요. 육처六處지요. 육처를 통해서 우리 식識이 끊임없이 명색을 통해 바깥에 나가서 촉·수·애·취를 만나지요. 그렇게 바깥으로 나가니까 정신이 팔리지요. 정신이 팔리니까 '좋

33

다, 나쁘다'가 일어나서 애착도 생기고 집착까지도 생겨서 또 다음 생을 맞는 것이지요. 그런 결정적인 집착의 덩어리를 자꾸 만들고 앉아 있어요. 이것을 '윤회輪廻'라 하는 겁니다.

　악동이 공부는 안 하고 자꾸 집 밖에 나가서 놀기를 좋아하듯이 중생도 육처라는 구멍을 통해 자꾸 나가서 명색을 만나서 노는 겁니다. 여러분도 고3 자제들을 단속해서 책상 앞에 자꾸 앉히고 싶어 하지요? 그와 마찬가지로 육처를 통해 무단가출해서 밖에서 자꾸 놀려고 드는 마음의 버릇을 멈추도록, 그래서 차분하게 지금·여기라는 교과서 공부를 하도록 책상 앞에 앉혀야 합니다. 우리가 명색에 부단히 정신을 팔고 있을 때는 부처님의 학교를 나가서 놀이에 빠져 있는 것입니다. 공부 안 하고 있는 것입니다. 그리고 공부 안 한 결과, 재수생이 겪는 고통처럼 사바세계 유급생의 고통이 따릅니다. 해탈해야 졸업할 텐데 졸업은 안 하고 계속 윤회의 유급을 하고 있는 것이지요. 그러니까 부모 만나서 잔소리 들어야 하고, 고3 학생 두고 잔소리해야 하는 고통이 계속되기 마련입니다.

　그러면 어떻게 명색을 가지고 노는 유혹에서 벗어나 지금·여기를 챙겨서 능히 교과과정을 마치고 거뜬하게 졸업하느냐? 부처님 가르침대로만 하면 결코 어려운 일이 아닙니다. 단, 진실성이 필요합니다. 자기를 스스로가 속이려고 들면 아무것도 안 됩니다.

아무리 부처님 열 분 스무 분이 나오셔서 아무리 좋은 말씀 해보셔야 소용없습니다. 자기가 자기를 속이려고 들 때는 도리가 없는 일입니다. 뻔뻔하기 짝이 없고 자기 합리화에 급급하면 어쩔 수가 없지요. 공부 못하겠다고 하는 구실이야 무궁무진하니까. 공부 안 하겠다는데 어떻게 당할 수 있겠습니까? 그러나 정직하고 성실하게 공부에 임하고 자기를 속이는 것이 어떤 끔찍한 결과를 가져온다는 사실을 직시만 한다면, 그러면 우리는 공부할 태세가 다 된 것입니다.

방법은 간단합니다. 지금·여기에 간단없이 집중하는 것입니다. 여기에서 '간단없다'는 말은 끊임이 없다는 뜻입니다. 토막토막 자꾸 끊이지 않고 간단없이 되면 제일 좋겠지요. 그러나 처음부터 어떻게 간단없이 됩니까. 그럴 리가 없지요. 간단없기는커녕 실타래 자체가 저쪽에 가 있지요. 여기서 끊임없이 지속되어야 할 실이 아예 실 타래째로 저쪽에 나가 있어요. 여기는 실도 없으니까 가서 자꾸 끌어와야 할 판이라, 그러니 처음부터 간단없기까지 바랄 수는 없는 형편이지요. 지금은 마음 챙기는 공부를 할 때입니다.

부처님이 비유하셨듯이 길들여지지 않은 코끼리가 숲속을 자꾸 방황하려고 합니다. 여러분 자식들이 바깥에 나가서 자꾸 놀려고 합니다. 그와 같아요. 그런데 그 코끼리를 전쟁터에 타고 나갈 수 있게 길들이자면 바깥 숲속을 돌아다니는 놈을 가서 사냥해야 합니다. 붙잡아야 합니다. 붙잡아서 코끼리 훈련장으로 끌고 와야 합니다. 그러고는 도망을 못 가도록 튼튼한 말뚝을 박아서 코끼리를 묶어야지요. 끊기지 않을 만큼 강한 줄로 단단히 묶어서 힘센 코끼리가 풀고 도망가지 못하도록 말뚝에 붙들어 매야 합니다. 그 다음에 먹이를 주기도 하고 굶기기도 하고, 때로는 코끼리 길들이는 창으로 고통도 좀 가하고, 때로는 상으로 좋아하는 먹이도 주고 어루만져도 주고 하면서 길들여야 합니다. 이 코끼리가 숲속에 나가서 돌아다니는 버릇을 완전히 끊어서, 심지어는 화살이 날아와도 두려워하지 않고 주인의 뜻을 따라서 전진해야 할 때는 전진을 하고 후퇴해야 할 때는 후퇴를 하고, 왼쪽으로 가야 할 때는 왼쪽으로 가고 오른쪽으로 가야 할 때는 오른쪽으로 갈 정도로 길들여야 합니다. 그런데 그게 하루아침에 됩니까? 코끼리의 야성이 순화되기 전까지는 그저 생각은 항상 숲속에 가 있어서 어떻게든 줄을 끊고 도망가려고만 합니다. 그런데 이놈이 힘이 세다 보니까 잠시만 방심하면 어느덧 강한 줄을 쉽게 끊고 도망 가버립니다. 그러면 어떻게 할까요? 포기할 수 없는 일 아닙니까. 지금 임금이 이 코끼리를 길들여 전쟁터에 타고 나가서 싸워야할 판인데 코끼리 도망갔다고 포기하겠어요? 그래서 천 번이든 만 번이든, 하루에 십만 번이라도 코끼리를 다시 붙들어 오는 수밖에 없습니다. 그래 가지고 어떻게든지 말뚝에 매서 길을 들여야 합니다.

이 마음이라는 놈, 이것이야말로 내가 탐·진·치라는 적군과 싸울 전쟁터에 타고 나갈 유일한 탈 것입니다. 전쟁터에 타고 나가서 적군을 무찌를 수 있는 믿음직한 코끼리를 만들려면 거듭거듭 숲속으로 도망치는 코끼리를 붙잡아야 합니다.

'나는 유별나게 코끼리가 잘 도망가.' '마음이 자꾸 숲속으로 도망가.' '나는 인연이 없나 봐.' 누구든지 그렇게 말합니다. '부처님 같은 분, 공부하는 분들은 별난가 봐.' '나는 이렇게 하루에도 십만 번이나 더 도망을 가는데 그분들은 처음부터 잘 되는가 봐.' 이렇게 착각합니다. '나는 공부가 너무 어려워서 해도 해도 안 돼요, 도저히 나는 안 되나 봐요.' 하는 사람이 대부분입니다. 잘못 알고 있습니다. 누구나 그렇습니다. 야생 코끼리가 숲속으로 돌아가는 것은 너무나 당연한 일입니다. 어느 누구라고 안 그렇겠습니까? 예외 없이 다 그렇습니다.

물론 예외가 있어서 처음부터 차이가 있는 분이 가끔 있습니다. 그분은 전생에 남 못지않게 고통스럽게 공부를 한 결과겠지요. 전생에서 한 공부 성과를 가지고 왔기 때문에 집중이 조금 더 잘 되는 겁니다. 닦은 사람이 닦은 만큼 선근을 누리는 것입니다. 그런 차이는 있을 수 있지만 그 사람이라고 해서 전생에 각고의 노력을 하지 않은 것은 아닙니다. 전생에 공부를 했거나 말거나 금생에 똑같아야 한다고 생각한다면, 그것도 부당합니다. 그래서 오히려 '내가 전생에 공부를 안 했구나' 하고 생각하면 되지, '나는 안 되나 봐' 하고 생각할 필요는 없습니다. 금생에 노력하면 그 공부 잘하고 있어 보이는 누구만큼이나 내생에 나도 잘 될 겁니다.

그런 이치니까 부처님도 '예류과豫流果를 이룬 사람은 일곱 생 안에 성불한다.'고 하시지 않습니까. 일곱 생 안에 되는 사람을 예류과, 또 한 생만 더 하면 되는 사람을 일환과, 일래과一來果라 하지요. 한 생만 더 하면 되는 사람이 금생에 보이는 모습과 예류과는커녕 범부 중생일 뿐인 내가 같을 수는 없지요. 안 그렇겠습니까? 한 생만 더 하면 되는 그분이 사는 모양을 우리가 보면 정말 기적적으로 산뜻합니다. 참 공부가 잘되고 완전히 다릅니다. 그러나 그분의 오늘이 있기까지 전생에서 얼마나 많은 공부를 했겠습니까. 부처님《본생담Jātaka》을 보면 부처님이 얼마나 많은 다겁생을 공부에 바쳤습니까. 부처님이 어떨 때는 원숭이도 됐다가 어떤 때는 도적도 됐다가, 참 수많은 생에서 처절할 만큼 사바세계 고苦를 겪으셨습니다. 배신도 당하고 고통도 겪고 팔다리가 끊어지는 형벌도 받고 별별 일을 다 겪습니다. 그게 다 수행입니다. 그렇게 공부해서 부처가 되셨는데, 우리는 그 과정은 다 생략하고 보기 좋은 최종 장면의 부처님만 보고서는 '나는 그렇게 안 되니까 공부 인연이 없나 보다.' 한다면 그것은 어린애 투정도 아니고 전혀 이치에 닿지 않는 말이지요. 나도 부처님의 본생담에 해당하는 전생을 살고 있는 겁니다. 따라서 나도 부처님이 그랬듯이 별별 경험을 다 쌓고 있는 중입니다.

하지만 우리는 부처님이라는 훌륭한 스승을 만나서 부처님의 가르침이라는 길을 걷는 기회를 누리고 있습니다. 아무나 누리는 기회가 아닙니다. 보십시오. 지금 이 지구상에 과연 몇 사람이 그 길을 즐겁게 걸으려고 합니까? 얼마나 많은 사람이 종교적 편견이나 무슨 가치관 등 별별 것을 다 내세워 부처님을 요리조리 피하고 있습니까? 여러분은 그래도 전생에 뭔가 닦았기에 그나마 금생에서 불법을 좋아하는 인생을 살고 적어도 불자가 되었겠지요. 불자 중에도 사이비 단계 내지는 중간 단계, 혹은 덜 익거나 익은 단계 등 다양한 수준이 있지요. 당연하지요. 그래서 불교를 믿으면서도 무당이나 찾아다니는 불자도 있겠고, 스님들에게도 무당이기를 요구하는 신도도 있겠지요. 무당 효험이 없으면 그 절에 갈 필요도 없으니까 효험 있다는 바위 앞에서 기도도 합니다. 그것도 불자들의 다양성입니다. 누구나 다 겪고 있는 일 아닙니까? 모두가 다양한 단계를 거쳐 나가면서 발전하고 있는 것입니다.

그러나 우리가 금생에 모처럼 불법을 만난 인연을 한층 성숙시키기 위해서는 부처님 가르침의 정수精髓인 팔정도八正道를 마침내 찾아서 그 길에 깊이 들어서야겠습니다. 팔정도 분상에 들어서면 이미 종교니 뭐니 다 사라지지요. 종교 편견이 그 어디에 발붙일 데가 있으며, 무슨 사회적 편견이 발붙일 곳이 있습니까? 그런 제대로 된 불자가 되어서 하나의 종교 형식을 넘어선 부처님의 그 보편하고 그 넓은 가르침을 내 것으로 만든다면 여태까지 살아온 금생 뿐 아니라 다겁생의 결산을 한번 멋지게 하는 거다, 이 말입니다. 만일 내생에도 이어갈 수 있을 만큼 확고한 공부의 기반을 금생에 닦는다면 공부가 잘 되든 안 되든, 잘 안 되어서 어떨 때는 절망에 빠지든 말든, 여러분 금생은 절대로 무의미하지 않을 뿐만 아니라, 윤회의 향상도정에서 보면 정말로 결정적인 전환점을 맞고 있는 것입니다.

# 하루에 천만 번이라도

　　그러니까 우리가 이렇게 공부하고 있는 금생이 성불의 기초를 닦는 한 생이 되는 셈인데, 얼마나 복된 한 생을 사는 것입니까? 얼마나 선택된 생, 축복받은 한 생을 사는 것입니까? 그 모든 것이 결국은 '지금·여기'에 마음을 붙들어 매는 공부의 성패에 달렸습니다. 잘 안 되어도 좋으니까 끊임없이 숲속으로 도망가는 마음을 붙들어 오십시오. 하루에 천 번이면 천 번, 만 번이면 만 번, 천만 번이면 천만 번 붙들어 맵니다. 붙잡아다가 자꾸 붙들어 매십시오.

　　'공부가 여의하게 잘 된다'는 그 경계에 욕심내지 마십시오. 내가 얼마나 지금·여기에 이 마음을 붙들어 매어서 코끼리가 요동하지 않고 순순히 응하도록 길들여 가느냐 하는 문제일 뿐이지, 다른 것 아무것도 없습니다. 남하고 비교할 필요도 없습니다. 그저 붙들어다가 지금·여기의 말뚝에 매십시오. 말뚝은 다름 아닌 사념처입니다. 사념처라는 말뚝에 매십시오. 즉, 지금·여기에 매라는 말입니다. 그 외에는 다 지금·여기가 아닌 과거이거나 딴 곳입니다. 엉뚱한 곳에 매어서는 안 됩니다. 지금·여기라는 사념처에 바로 매십시오. 그래서 길들지 않은 마음, 이 야생 코끼리 같은 마음을 틀림없이 길들입시다. 이 노력을 포기하면 안 됩니다. 누구나 다 같습니다. 이 마음에 내가 자꾸 번롱을 당하지요? 그러니까 자꾸 붙들어다가 마침내 지배해야 할 것입니다. 이 마음만은.

왜? 마음이 마치 술 취한 운전사처럼 제멋대로 차를 몰면 차 뒤에 앉은 주인은 금방 무슨 꼴을 당할지 무슨 사고를 당할지 모르는 것 아닙니까? 절박합니다. 택시를 타도 마찬가지입니다. 택시기사가 거친데다가 술까지 마셨고, 지금 기분이 대단히 나쁘다 하면 얼마나 불안합니까? 그런데 이 마음이 지금 술 먹고 거칠고 길들여지지 않은 기사가 아닙니까. 그 마음이 나를 끊임없이 운전하고 있는데도 아직도 '아, 그건 내 마음이야' 하고 엉뚱하게 착각하면서, '내 마음이니까 내 마음대로 하지' 하고 우기렵니까? 단 1분만 앉아서 자기 마음을 한번 관찰해보십시오. 내 마음이라 생각했던 것이 내 마음대로 움직여주기는커녕, 그놈은 완전히 딴 놈입니다. 제멋대로입니다. 그러니 어떻게 해야 합니까? 내 주문을 안 들으려 하니까 천 번만 번 쫓아가서 데려와야 할 게 아닙니까? 내 마음대로 될 것 같으면 붙잡아다 한 번만 매버리면 끝이지, 길들이고 자시고 할 것 뭐 있겠어요? '내 마음'이라고 하는 그 마음, 그거 내 것이 아닙니다. 착각하면 안 됩니다. 그것은 지금·여기가 아닙니다. 완전히 과거의 산물이고, 과거의 흔적이고, 과거의 영향력입니다. 그 과거는 다생겁의 옛날부터 바로 지금 이 순간 이전까지의 과거입니다. 그러한 과거의 산물, 굳고 응고된 그 영향력이 '마음'이라고 속이면서 우리 앞에서 온갖 요사한 애걸과 아양을 떨어서는 '이게 내 것이다' 하고 믿도록 만드는 것입니다. 그러나 믿은 순간에 그 사람은 속은 겁니다. 그게 어떻게 자기 마음이에요?

느낌도 마찬가지입니다. 몸 위로 분명히 뭐가 기어갑니다. 그걸 내가 느낍니다. 그러나 살펴보면 아무것도 없습니다. 그 느낌이 나를 분명히 속였는데 속인 놈이 잘못입니까, 속은 사람이 잘못입니까? 우리가 속지 않는 수밖에 없습니다.

마음, 이것은 더욱 그렇습니다. 마음 때문에 후회할 일을 얼마나 많이 저지릅니까. 돌아서서 얼마나 후회를 합니까. 왜 그런 일이 일어납니까? 이 마음이 내 마음이 아니라서 그렇습니다. 이건 온전히 자기 나름대로 놀고 있는 하나의 과정이지 '내 마음'이 아니에요. 그런데 우리는 그걸 '내 마음'이라고 얼마나 철석같이 믿습니까. 만사가 거기서부터 어긋나는 겁니다. 그래서 이 고해가 연출되는 것이지요. 고해苦海가 따로 있지 않습니다. 그저 이 착각, 이걸 불교용어로 무명無明이라고 합니다. 이 무명 때문에 사바세계의 고해가 다 연출되는 것 아닙니까.

마음이 내 것이 아니라 해서 그것을 적으로 삼을 필요도 없어요. 마음을 타고 전쟁터에 나가야 합니다. 어쩔 수 없습니다. 내 것 아니라고 깨달은 순간, 그놈을 버릴 수 있으면 좋겠는데 천만의 말씀, 마음을 버리고 도보로 전쟁터에 나가면 상대방은 코끼리를 탔는데 싸움이 되겠어요? 그러니까 이 마음을 길들여야 합니다. 길들이지 않은 게 죄지요. 그걸 '내 마음'이라고 생각했을 때는 길들일 생각조차 못 했던 것이지요. 이제 알았다면 그 마음을 길들여서 타고 나가 전쟁에서 이겨야 합니다. 그런 것이니까 '내 마음'이라는 말조차 쓰지 말아야 합니다. '내 마음'이라고 해놓으면 공부가 안 됩니다. 근본 착각일 뿐인 '내 마음'을 가지고 어떻게 공부합니까? '그저 여기 마음이라 불리는 것이 있다, 그것이 지금 나라는 마당 위에서 어떤 과정을 연출하고 있다'고만 보아야 합니다. 그래야 마음이 관찰 대상이 됩니다. '내 마음'을 어떻게 관찰합니까? 팔정도를 닦고, 그래서 사념처의 말뚝에 매어 세밀히 살펴보아야지요. 그런 방식으로 그놈을 관찰하고 붙잡아서 길들여낸다, 그 길들여진 마음을 타고 부처 되는 길을 나아간다, 팔정도를 나아간다, 타고 가는 거다, 마음이라는 길들여진 놈을 타고 나아간다, 이런 말입니다.

　　다시 말씀 드리건대, 성격이나 태도가 '완고하거나 완강하다'는 것은 다름 아니라 '과거를 살고 있다'는 얘기입니다. 긴 과거일수록 그것이 지배하는 모습은 완고합니다. 반면 미래만 지향하며 살 때는 완고함과는 반대로 너무 낙천적이라 할까 철 없다 할까, 말하자면 희망에 부풀기 쉽고 희망이라는 장밋빛 색깔에 속기 쉬운 또 하나의 환상에 빠지는 것입니다. 그러니까 미래에 살면 소위 낙관주의자나 환상가가 되기 쉽고, 과거에 살면 완고하고 이른바 현실적인 사람, 그래서 과거 경험들의 교훈에 매여서 현재를 사는 사람이 됩니다. 과거의 경험이 아무리 뼈저리고 절실했다 하더라도 자기를 묶는 가치로서 과거를 계속 존속시키는 것은 굳은 태도입니다. 그런 사람이 과거를 사는 사람입니다.

또한 여기를 벗어나 바깥을 주로 헤매는 사람일수록 나와 남의 분열 구조에 매입니다. 그러다 보면 오히려 자기만 챙기는 자기중심주의자 또는 이기주의자가 되기 쉽지요. 이기주의가 어디서 오겠습니까? 자꾸 바깥을, 대경을 생각하고, 거기에 정신을 팔고, 대경에 기대했다가 속았다든가 하면서 대경과 나를 대립시키다 보니 점점 더 자기 본위의 이기주의자가 되는 것입니다. 지금·여기를 떠나는 사람일수록 더 자기 본위적으로 되고 상대에 대한 경계심이 높아지며 완고한 고집쟁이나 환상가가 될 수밖에 없습니다. 결과적으로 자신을 해치고 남을 해칠 수밖에 없습니다. 환상가나 완고한 옹고집이 어떤 수로 남을 이롭게 할 수 있겠습니까? 경제적 폐만 안 끼치면, 남에게

폐 안 끼치고 잘 사는 것입니까?

반면 과거나 미래, 바깥으로부터 안으로 들어와 지금·여기에 정신을 매어서 공부하는 사람은 어떻게 될까요? 바깥을 헤매는 일이 줄어드는 만큼 들뜸이 가라앉을 것이고, 들뜸이 가라앉는 만큼 고요해지기 마련입니다. 그렇겠지요? 고요한 만큼 나와 남을 분별하기보다는 '나' 속에서 일어나는 오온을 관찰하고 있으니까 맑아질 수밖에 없습니다. 남을 끊임없이 의식하고 남과 나를 대립시키고 있을 때는 물을 계속 휘저어 구정물이 되지요. 하지만 자기 오온을 고요하게 바라보고 있으면 그 물은 맑아질 수밖에 없습니다. 그러한 사람은 '자기'라는 것의 실체를 아니까 이기적일 수가 없습니다. 또한 그 무언가를 바라서 이타행을 하는 사람도 될 수 없습니다. 남도 다 오온五蘊의 가합假合이니까요. 따라서 그 사람은 나나 남에 대해 환상을 갖지 않습니다. 나에 대한 환상도 없고 남에 대한 환상도 없습니다. 그만큼 환상에서 벗어나 밝아질 수밖에 없습니다. 지금·여기를 사는 사람은 고요하기 마련이고, 맑기 마련이고, 점점 더 밝아지기 마련입니다.

앞서 '마음을 타고 간다'고 말씀 드렸습니다. 우리는 지금·여기에 길들여진 마음을 타고 가야 합니다. 그 멋진 코끼리를 타고 부처 되는 길, 곧 팔정도를 나아가는 것입니다. 팔정도.

처음 우리가 올라설 때는 도보입니다. 그러나 어느 단계에 가서 특히 바른 마음챙김, 정념에서 길들여진 마음을 타면 그때는 도보가 아니고 특급 버스 또는 특급 열차를 타고 가는 겁니다. 그래야 되지 않겠습니까? 그렇게 정념正念 공부를 하는 것입니다.

제 이야기가 항상 어렵다는 말을 많이 들어서, 오늘은 좀 더 쉽게 이야기를 풀어볼까 해서 신문을 한 장 들고 나왔습니다. 우리가 일상생활 가운데 보고 듣고 접하는 모든 일들이 사실 다 법문 아닌 것이 없습니다. 모든 게 잘 들으면 법문이고 그냥 예사로이 들으면 한낱 통속적인 말입니다. 그러니 법을 따로 멀리서 구하면 나날이 살아가는 이 삶의 현장이 바로 법문 장소임을 깨닫지 못한 채 지내기 쉽습니다.

'신문에 실린 한 조각 글도 비록 흔히 볼 수 있는 것일지라도 그것이 다 법문이다, 우리가 그것을 법문으로 들을 수 있는 귀를 뚫어야겠다, 세상만사를 다 법으로 보는 눈을 떠야겠다.' 라고 생각하게끔, 그래서 여러분이 이런 법회에 굳이 안 오시더라도 그런 눈을 뜰 수 있도록, 이런 신문 조각 하나도 그대로가 법문임을 증명해드리고자 합니다. 세상만사를 법문으로 듣는 감상법이라고나 할까요.

# 세상만사가 법

1993년 10월 6일자 신문의 〈이규태 코너〉입니다. 제목은 '조용필'입니다. 마침 그때 서울에서 가수 조용필 리사이틀이 크게 열린 것 같습니다. 혹시 읽으신 분도 계시겠지만 새로운 관심에서 들어보십시오.

우리 한국 사람들 외국에 나가면 바로 당일부터 한국 음식을 찾는 데 예외가 없다. 외국에 나가면 그 나라 음식으로 별식을 해봄직도 한데 말이다. 외국음식으로는 성이 차지 않는 이유로서 발효 미역味域설을 들 수 있다.

발효는 식품의 발효를 말하고 미역이란 말은 맛 미味 자와 지역 역域 자니, 미감대라는 뜻이겠지요. 불교용어로는 육처六處 중에 설처舌處입니다. 이럴 땐 내외처內外處, 그러니까 안으로는 설, 밖으로는 미가 결합한 것이지요. 설은 맛을 보는 곳이니까요. 불교용어로는 설처를, 여기서는 미역이라고 서구적 표현을 썼습니다.

맛을 감지하는 혓바닥에는 쓰고, 달고, 시고, 맵고, 짠 맛을 감
지하는 미역이 형성되는데, 그 나라 그 민족이 많이 먹어 내린
음식 맛을 감지하는 미역이 보다 민감해지고 발달한다는 것이
다. 그렇다면 한국 사람에게 가장 발달한 미역은 바로 삭은 맛
을 감지하는 발효 미역이다. 왜냐하면 우리 조상 대대로 먹어
내린 음식의 80%가 간장, 된장, 고추장, 김치, 젓갈, 장아찌 같
은 발효식품이기 때문이다. 외국에 나가면 그쪽 음식들이 한
국인의 미각 유전질인 발효 미역을 충족시켜주지 않기에 생리
적으로 고국 음식을 찾게 된다는 것이다. 우리 한국 사람이 먹
지 못하면 결핍을 느끼는 미역이 있듯이 듣지 못하면 결핍을
느끼는 청역聽域이라는 것도 있다.

**이렇게 해서 음식 이야기에서 음악 이야기로 이어집니다.**

그것을 논리적으로 형용하기는 어렵지만 판소리의 명창이나,
넓은 공감대를 형성하고 있는 가수의 가창이 그것에 와 닿는
것을 느끼는 경우가 종종 있다. 체구는 작지만 대형 가수인 조
용필의 가창도 그런 한국적 청역에 만족감을 주는 굴지의 가
수 가운데 하나다. 조용필은 대중가요에서 상실 되어가고 있

는 한국인의 결핍된 청역을 자극하는 소수의 가수라 할 수 있다.

서양 집들은 외계와 내계를 두꺼운 벽과 문으로 완전 차단하고 있어서 외계에서 나는 자연의 소리를 차단하고 산다. 이에 비해서 한국 집은 이웃 동네 개 짖는 소리며 풀벌레 소리 심지어는 눈 쌓이는 소리까지 스며들게 되어있다. 그래서 서양 사람들은 음악을 아름답게 만들어 듣지만, 한국 사람의 음악 욕구는 스며들어서 한국적 정념인 정이나 한에 와 닿았을 때 만족을 한다. 조용필의 가창 속에는 바로 그 스며들어 정념에 화학작용을 일으키는 제3의 소리가 내포되어 있는 것 같다.

**'제3의 소리!' 이게 재미있는 말인데, 나중에 곱씹어보지요.**

서양 음악을 들으면 알파 뇌파가 발생, 잠재된 스트레스를 밖으로 발산시키는 물리작용을 하는데, 한국 음악을 들으면 베타 뇌파가 발생해서 잠재된 스트레스를 안에서 승화하는 화학작용을 한다는 것과도 일맥상통한다.

**서양음악은 물리적 효과, 한국음악은 화학적 효과랍니다. 지금부터 인용하는 구절이 아주 재미있어요. 오늘 할 얘기와 관련된 부분입니다.**

"소리라는 것은 청이 좋아야 좋은 것이 아니여. 소리를 난마亂麻처럼 갈기갈기 찢어서 그 찢어진 파성破聲을 빗질하고 가다듬어 댕기 땋아 내리듯 하는 것이 좋은 소리여." 한말韓末의 명창 이날치라는 분이 한 말이다.

저는 이 대목에서 참으로 감탄했습니다. '도道는 통하는구나, 음악의 도나 불도佛道의 도나, 도는 통하는구나.' 하는 것을 느꼈고, 그래서 오늘 이것을 가지고 나오게 된 것입니다.

파성임에도 불구하고 파성이 찢어지지 않게 들리는, 조용필의 가창력을 두고 한 말만 같다. 조용필을 비롯 우리나라의 대형 가수라면 전통음악인 창唱에 심취한 어느 한 때를 가졌다던데 창에서 터득한 가창력과 한국인의 청각 유전질과는 무관하지 않다고 보는 것이다.

# 푹 삭혀 제3의 맛으로

　물리적 작용과 화학적 작용의 비교, 또 음식에서 시작해서 소리로 이어간 것은 필자의 재주입니다. 대단히 적절한 비유라 하겠습니다.

　좋은 음식, 고급스러운 음식이라면 거기에 반드시 많은 좋은 재료가 들어가야 되고, 많은 시간과 많은 손질이 들어가서 참으로 고급스런 맛을 우려낸 것이라고 할진대, 우리 민족은 날것 그대로 먹지 않고 가급적이면 삭혀서, 푹 삭혀서 먹으니 좋은 음식을 먹고 있는 셈입니다. 푹 삭혀서 제3의 맛을 만들어 먹으니 몸에도 좋고 넘기는 과정에 미감도 좋으니, 우리의 음식 문화가 대단히 고급스럽다는 데는 일리가 있다고 봅니다.

　삭혀서 먹는 음식 덕분인가, 우리 민족의 특질도 비슷합니다. 삭힌 음식만큼 박력도 떨어지고, 육체의 야만스런 정력 면에서도 그렇게 우수해 보이지 않습니다. 몽고 민족이 원래 체질적으로는 세계 최강이라고 합니다. 추위, 더위 등 극한의 환경을 견디는 능력이 몽고족에게는 당할 수 없다는 것이지요.

그렇건만 한국인들은 야한 침략적 근성이 없이 부드럽습니다. 그런 특질이 음식과 무관하지 않으리라 여겨집니다. 생짜로 야한 음식을 먹는 민족과 고급스럽게 삭힌 음식을 먹는 민족과의 차이일 수 있습니다.

우리는 소리도 역시 화학적으로 승화시켜서 제3의 소리로 만들어 듣습니다. 이날치가 말한 바의 음악 감각, 혹은 음악 논리랄까 음악평이 나올 정도의 고급스런 음악 문화가 있기 때문이 아닌가 싶습니다. 제가 듣기에 이날치의 말은 예藝의 극에 도달한, 혹은 예를 넘어선 이야기 같습니다. 예의 영역, 창唱의 영역을 넘어서 도道의 수준에 도달한 것으로 보인다는 말이지요.

서양 사람들은 문을 꼭꼭 닫아놓고 자연의 소리는 차단된 가운데 일부러 좋은 소리를 만들어서 듣는다 이거예요. 아주 아름답고, 그야말로 아이스크림 맛처럼 혀에 감치는 그런 소리를 만들어서 듣습니다. 그런데 집 속에서 살면서도 자연의 소리를 누리는 우리 한옥의 가옥구조를 생각하면 이분의 혜안을 높이 평가하고 싶습니다. 요즈음 아파트 사는 분들은 모르지만 창호지 하나로써 자연을 접한 채로 살면 이 말들이 참 와 닿습니다. 창호지는 매우 희한한 종이입니다. 외풍을 차단하는 효과도 탁월해서 종이 한 장인데도 바깥 온도하고 10여 도 정도 차이를 만들어낼 겁니다. 그런 보온 기능도 하지만 바깥소리도

거의 빠짐없이 전해주지요. 특히 자연의 소리를 잘 살려서 전해줍니다.

사실 자연의 소리보다 아름다운 소리는 없거든요. 자연 속에서 들으면 사람 소리처럼 야하고 거슬리는 게 없습니다. 조용한 산사에 있다 보면 어디서 사람 소리가 나는데, 그 소란스러움이 바람 소리나 새 소리와는 완전히 다릅니다. 그냥 신경에 거슬리고 긴장시키는데, 그런 사람 소리를 아무리 갈고 닦아 미성美聲을 만들어봤자 자연의 소리 앞에서는 하나의 반역입니다. 그런데 서양 사람들은 자연의 소리를 차단한 채 사람 소리를 아름답게 만들어 듣고 있습니다. 우리에게는 그게 만족스럽지 않다는 말입니다. 물리적으로 와 닿는 소리를 그대로 수용하지 않고 '화학적으로 듣는다', 이 말이 참 멋집니다. 제3의 소리로 만들어서 잠재된 스트레스를 안에서 중화하는 화학작용을 일으킨다는 말입니다.

즉 날것 그대로를 먹고 듣고 즐기는 게 아닙니다. 우리는 일찍이 날것 그대로를 취하는 방식을 극복하는 데 주력해온 문화 민족이라는 말입니다. 우리는 웬만한 건 다 익혀서 먹고, 게다가 제3의 것으로 화학적으로 변형시켜서 취하는 대단히 고급스런 문화를 누려왔다는 겁니다.

앞서 인용한 글이 타당하다고 여기며 평소에 제가 생각하던 우리 민족의 '도인적 기질'을 떠올렸습니다. 소리를 일단 난

마亂麻처럼 갈기갈기 찢어서 그 찢어진 가닥가닥을 빗질해서 가다듬고 댕기 땋아 내리듯 제3의 소리로 땋아 내린다는 것은 도의 경지지요.

저는 민족주의자도 아니고 우리 민족 찬양론자도 아닙니다. 부처님 법을 만난 이후로는 국가나 민족에 대한 관념이 사실상 모호해졌습니다. 왜? 내가 전생에 일본에 살았을 수도 있고, 중국에 살았을 수도 있고, 다생 겁 동안 어느 동물 세계에도 내 집처럼 드나들었을 가능성도 충분히 있지요. 만일 인간 몸을 많이 받았다면 인간 세계 어디라고 못 갔겠나 싶습니다. 지금 여기 몸 받았다고 해서 '이게 내 나라고 내 겨레다.' 하면서 한국 지상주의로 간다면 다음 생은 또 어떻게 하겠어요? 딴데 몸 받아 태어나서 그곳 지상주의로 간다면 이 얼마나 가소로운 짓입니까. 그렇다고 애국심의 효율성이나 필요성을 인정하지 않는 것은 아닙니다만, 내가 어떤 나라에 태어나서 어떤 문화에 접하고 있는 현상마저도 법으로 보는 눈을 갖춰야 된다고 생각합니다. 그러다 보니 내 종교다 남의 종교다 논하고 싶지도 않고, 내 땅이다 남의 땅이다 논하고 싶지도 않습니다.

하지만 '우리 민족이 유난히 고급스럽구나.'라고는 생각합니다. 그렇게 고급스러운 우리 문화가 다름 아닌 불교문화라고 할 수 있습니다.

# 푹 삭힌 마음으로

그러면 불교와 연관해서 한번 생각해봅시다. 불교는 심학
心學이라 하지요. 마음공부입니다. 대승불교에서 '일체유심조
一切唯心造'라 하는 말을 많이 들으셨을 겁니다. 일체가 오로지
마음이 만든 바입니다. 그렇게 불교는 마음을 대상으로 합니
다. 따라서 불교는 마음을 갈고 닦아서 더할 나위 없이 좋고 훌
륭한 마음으로 만들어서 쓰는 것을 공부합니다. 참선을 한다,
뭘 한다, 전부 이 마음 하나를 붙잡아서 잘 요리하고 가다듬는
것입니다. 마음을 갈고 닦아 길들여서 그 마음의 주인이 되는
것, 그 마음의 힘을 가장 아름답게 법답게 살려서 인생을 사는
것, 그 공부거든요. 그것을 이날치 명창의 말에 비교해서 생각
해봅시다.

"소리라는 것은 청이 좋아야 좋은 것이 아니여."

여기서 '소리' 대신에 '마음'을 대입시켜서 봅시다. 그러면

'타고난 마음이 착하고 좋다고 해서 그것만 가지고 좋다고 할 수는 없다'는 뜻이 됩니다. 왜? 인간으로 태어났다는 것은 이미 인간 업의 영역에 속했다는 뜻입니다. 제 아무리 좋은 자질을 가진 인생이고 마음일지라도 사바세계에 태어났으면 그 한계성은 뻔합니다. 인간 영역입니다. 그것은 탐·진·치貪瞋癡 삼독三毒 덩어리입니다.

　　여러분이 자식 낳고 손자 보면 참으로 귀엽고 순진무구해서 그 속에 무슨 탐욕이 있을까, 분노가 있을까 싶겠지요. 그러나 그 애정 어린 눈, 애정에 홀린 눈을 가다듬고 자세히 보면 어린애처럼 이기적인 존재도 없지요. 완전히 자기중심입니다. 조금만 거슬리면 울음을 터뜨려 어른들로 하여금 꼼짝없이 시봉을 하도록 만들어 놓고 자기 뜻을 관철합니다. 아주 이기적입니다. 조금도 에누리가 없어요. 어리나 크나 인간은 탐·진·치 삼독三毒 덩어리입니다. 그래서 인간 몸 받아 이 사바세계에 태어난 것이지요. 타고난 성품이 좋다고 다 좋은 것이 아니다, 이 말이지요. '청이 좋아야 좋은 것이 아니듯', 타고난 그 마음, 날 것의 그 마음으로는 인생을 잘 산다는 보장이 될 수 없다는 겁니다.

　　왜 그럴까를 불교 용어로 풀어봅시다. 맛의 영역과 소리의 영역, 이것은 불교에서 말하는 육처六處인 안·이·비·설·신·의眼耳鼻舌身意 중에 '설舌'과 '이耳' 두 영역을 말하는 것입니다.

마음의 영역, 그것은 육처 중 '의意'의 영역입니다. 혀에는 미역이, 귀에는 청역이 있듯이 의에 대해서는 법역法域이 있겠지요. 색, 성, 향, 미, 촉, 법이라 할 때의 그 법. 의에 대해서는 법이 있지요. 의근意根이 있고 이에 대해 법이라는 대경이 있습니다. 의에 마주하는 바깥 경계가 법으로 있다는 뜻입니다.

'의'라는 것은 우리 마음인데, 마음 중에서도 법에 대해 있는 마음, 말하자면 '옳고 그르고, 이롭고 해롭고, 도움이 되고 안 되고 하는 것을 알아차리는 능력'을 말합니다. 법은 선법, 불선법으로 구분하는데, 선법善法이란 우리가 해탈의 길, 즉 도를 닦는 데 유익하고 유용한 것입니다. 반면 거기에 장애가 되거나 도움이 안 되는 것은 착하지 못한 법, 좋지 못한 법, 즉 불선법不善法이라 합니다. '악법'이라는 말은 잘 쓰지 않습니다. 악이란 말은 너무 단정적 선언으로 들릴 수 있으니까요. 그래서 불선이라는 말을 씁니다. 이 또한 불교의 특색입니다. 그래서 선법과 불선법을 가리는데, 그 불선한 요소와 선한 요소를 알아차리는 능력, 그것이 의意입니다.

우리가 타고난 생각 능력, 타고난 의식으로 사물을 보면 그 사물은 한낱 이름이요 형상입니다. 그것을 명색名色이라 하지요. 보통은 정신적 세계와 물질적 세계로 풀이하지요. 연기법에서는 '식識이 있으면 명색이 있다.', '명색이 있으면 식이 있다.', '명색이 없으려면 식이 없어져야 된다.'고 합니다.

타고난 의로 사물을 보면, 즉 생짜인 날 마음으로, 익혀지지 않고 삭혀지지 않은 날 것으로서의 식識으로 사물을 보면 사물은 그대로 명색입니다. 진리의 분상에서는 명색은 한낱 무상하고, 아지랑이와 같이 실체가 없는 허깨비인데도 식은 그 반대로만 보지요. 그렇건만 우리가 명색에 한번 홀리면 한 생이 아니라 다음 생, 다음 생, 수십 생을 살아도 그 홀림에서 벗어나기 어렵습니다. 여러분이 명색에 홀려 사는 존재라는 것은 유감스럽게도 진실입니다. 만일 우리가 명색에 홀리지 않았다면 금생에 사람이란 존재로 태어나 고해苦海를 사느라고 이렇게 허우적거리지 않았을 것입니다. 그러나 명색에 홀렸기 때문에 이런 고苦를 겪고 있는 것이지요.

부처님은 명색에 홀려 사는 것은 바로 무지 탓이라고 하셨습니다. 그것을 근본 무명無明이라 하지요. 또한 '무지를 벗어나 지혜로 보면 세상은 그대로 정연한 법이다, 즉 법계法界다.' 이렇게도 말씀하셨습니다. 그 날 것, 말하자면 생짜 심心, 의意, 식識으로 보면, 법을 법답게 보지 못하고 한낱 명색으로 보는 오류를 범하게 된다는 말입니다. 그러니 타고난 심, 의, 식을 청산해서 법을 법으로 볼 수 있게끔 성숙하라, 그런 말씀이지요.

법에 선법과 불선법이 있다는 말은, 선법이 선 자체를 위해, 불선법이 불선 그것을 위해 있는 것이 아니라는 뜻입니다. 선법과 불선법으로서의 법은 해탈의 길을 도와주기 위해서 있는 것입니다. 그렇건만 우리는 그 법을 제대로 볼 줄 모르니 맨날 명색으로 속고 홀려서 헛것을 보면서 살고 있다는 겁니다. 그래서 심, 의, 식으로, 특히 의를 중심으로 해서 법을 볼 수 있는 눈을 키워 나가야 합니다.

우리가 절집에 오면 많이 쓰는 말이 있지요. '그 사람 마음이 푹 쉬었어.' 들어봤지요? 마음이 푹 쉬었다. 말하자면 음식이 발효된 상태, 소리가 삭혀진 상태, 제3의 소리로 화학적 반응이 일어난 상태를 마음에 견주려고 이런 말을 찾아냈을 거예요. 우리 민족이 음식을 날로 먹지 않고 발효시켜 삭혀서 먹듯이, 소리도 날것 그대로 타고난 미성으로만 된 소프라노나 테너 같은 소리를 즐기지 않듯이, 마음도 푹 삭혀 썼다는 겁니다.

그러한 전통 때문에 법도 날것으로 취하질 않습니다. 법을 그냥 날것으로 취할 땐 명색이 돼버리지요. 법도 충분히 발효시키고 삭혀서 푹 삭힌 마음으로 법을 즐겼습니다. 푹 삭힌 마음에는 푹 삭힌 법이 있는 것이지요. 익은 법을 취하는, 아주 고급스런 선법으로 만들어서 취하는 문화를 말합니다.

타고난 생짜 그대로의 날 마음을 가지고 뭘 하겠다고 덤벼들고 욕심을 부리고 해봐야 탐·진·치 삼독심이 난무하는 마당밖에 안됩니다. 그 날 마음을 제3의 마음, 푹 삭힌 마음으로 만드는 데서 시작해야 합니다.

# 마음을 가닥가닥 찢는다

그러면 어떻게 해야 마음을 푹 삭힐 수 있을까요? 이날치 명창은 '소리를 난마처럼 갈기갈기 찢어서 그 찢어진 파성을 빗질하고 가다듬어 댕기 땋아 내리듯 하는 것이 좋은 소리여.' 라고 했습니다. 이 말을 마음에 적용하면, 이 마음을 갈기갈기 찢어야 한다는 말이 됩니다. 그걸 불교 용어로 풀면 '분석하라', 즉 위방가_vibhaṅga_입니다. 불교, 특히 남방불교 전통은 분별 학파입니다. 일체를 갈기갈기 찢어서 법으로 분해하라는 것입니다.

불교에서는 바깥 현상을 찢어서 보는 것은 기본입니다. 현상은 지수화풍의 사대四大로, 성주괴공으로 가닥가닥 가릅니다. 모든 것을 분석해서 법이라는 요소로 갈가리 찢어놓습니다. 두 가닥만 엉켜 있어도 벌써 그건 법이 아닙니다. 그냥 갈가리 찢어서 가닥가닥 더 찢을 수 없을 만큼 찢어발기는 거지요.

소리를 갈가리 찢으면 파성이 되듯, 마음도 찢으면 파심破心이 되겠지요. 그 파한 마음을 빗질하고 가다듬어 댕기 땋아 내리듯 하는 것이 좋은 것입니다. 법으로 찢어내는 택법擇法을 합니다. 말하자면 간택을 한다는 말입니다. 법이라는 말 그 자체는 벌써 선, 불선을 전제로 한 개념입니다. 그래서 법을 찢는다는 것은 선법과 불선법으로 분해한다는 의미입니다. 왜 그럴까요?

우리가 타고난 이 마음은 탐·진·치 삼독 덩어리거든요. 행行이지요. 행이라 한역된 말의 빠알리 원어는 '상카아라 saṅkhāra'입니다. '어울려서 작용하는 것'을 뜻하지요. 상카아라 중에 '상'이란 말은 '모인다'는 뜻입니다. 여러 요소들이 모여서 어떤 심리작용을 하고 있는 것을 상카아라라고 합니다. 마음은 '여러 요소들이 모여 끊임없이 흐르는 것[遷流]'입니다. 이 모여서 흐르는 놈이 온갖 분란을 일으키는 거지요.

그래서 이 뭉쳐 흐르는 마음을 갈기갈기 찢어서 법으로 분석하는 겁니다. 모여 흐르는 행이 만드는 피상적인 모습에 속지 않고 그것을 갈가리 찢어서 낱낱이 요소로 분해를 하는 거지요. 두 개만 어울려도 행이 되니까요. 그렇게 가닥가닥 나누어 구분할 수 있는 최소 단위까지 분석해 들어가는 겁니다. 더 이상 나눌 수 없을 만큼 나누어서는, 그 나눈 것을 선법, 불선법으로 철저히 정리하는 겁니다. 그것을 택법이라 이릅니다.

그게 빗질하는 거지요. 빗질 왜 합니까? 때를 제거하고 머리를 잘 치장하여 아름답게 하려는 거지요. 우리가 마음이란 것을 다룸에 있어서도 머리 빗질하듯 해야 합니다. 그래서 '마음을 빗질한다.'고 해본 것입니다.

빗질은 막 얽히고설킨 것을 가닥가닥 질서정연하게 만드는 것 아닙니까? 그렇게 '요소'로 자꾸 분석하여 법으로 간택하다 보면 좋은 작용을 하는 요소가 있고, 좋지 않은 작용을 하는 요소도 있습니다. 이렇게 각 요소들의 성질이 구분됩니다. 우리 마음을 각 요소로 분석하고서 좋은 작용을 하는 놈과 나쁜 작용을 하는 놈으로 가르는 것, 그것이 빗질입니다.

한 요소에 대해 정확하게 '요거는 나쁜 요소다.' 하고 들여다보는 순간, 마음의 나쁜 요소는 무기력해집니다. 무력해져요. 왜? 마음이란 이놈은 말이요, 끊임없이 음식 공급을 받아 유지되고 있는 겁니다. 실제로 마음이 있느냐 하면 없거든요. 여러 요소들이 얽힌 애매모호한 에너지 덩어리이고, 이것들이 얼기설기 꼬여서 흐르며 변천하는 것이거든요. 이거저거 마구 섞인 에너지 덩어리가 흐르다 보니까 뭐가 있는 것처럼 느껴지는 것이지요. 그렇게 지속적으로 흐를 수 있는 것은 자양분 공급을 끊임없이 받고 있기 때문입니다. 그럼 누가 음식을 공급하느냐? 마아라Māra 魔王에 미혹된 마음이 하는 겁니다. 마아라가 그러한 에너지를 공급하기 때문에 뒤엉킨 요소들이 에너지를 가지고 흐르는 겁니다.

그런데 우리가 이놈을 분석해서 선, 불선으로 빗질을 딱

해버리고 나면, 누가 불선에 대해서 자양분을 계속 공급합니까? 안 합니다. 우리가 불선에 양분 공급을 한 것은 모르기 때문에 무의식중에 마아라의 짓을 해 온 것이지, 그 실상을 알고 나면 안 하게 되거든요. 그러니까 모르는 통에 섞여서 그냥 엄벙덤벙 넘어가면서 양분 공급을 받아오던 놈이라서, 분석하고 빗질을 해서 불선법이 되어버리는 순간, 요놈은 내버림 받은 존재가 되는 겁니다. 우리가 내버리려고 무슨 조치를 따로 하는 게 아니라, '불선이다' 하는 순간에 고놈은 벌써 별 볼 일 없는 놈이 되어버리는 겁니다. 자연히 양분 공급이 차단되면서 무력해져 버린다, 이 말입니다. 그래서 불선한 요소가 영양실조에 걸려 시들시들 말라 죽어버립니다.

불교는 불살생의 종교라서 적도 안 죽입니다. 아무리 나쁜 놈도 일부러 죽이는 법은 없어요. 죽이는 짓은 불교적이지 않지요. 안 그렇습니까? 나쁘다고 칼 들면 그게 어디 자비입니까? 아무리 나빠도 살생은 안 되지요. 단 택법은 해요. 좋고 나쁜 걸 분석은 합니다. 분석하니까 자연히 불선한 요소가 빗질되어 사라지더라는 겁니다. 사라지는 거야 제행무상諸行無常에 따른 자기 숙명이니까, 우리가 죽인 건 아니지요. 그저 우리는 빗질하고 있을 뿐이고, 그러면 제행무상이라는 법의 성질상 사라져가는 것뿐입니다.

마음이란 놈은 가닥가닥 꼬여서 유지되는 거거든요. 상카아라*saṅkhāra*이니까요. 얼기설기 그냥 모여가지고, 무엇인지도 알 수 없는 잡탕이 되어 흘러가는 것이기 때문에 빗질해서 요소로 분석해 놓는 순간에 잡탕은 소멸해버립니다. 그렇게 되기 전까지는 불선법에다 우리가 끊임없이 영양 공급을 하는 거지요.

그러면 선법은 어떠냐? 끊임없이 빗질을 해서 선한 법에 영양 공급을 해가는 행위가 마음챙김, 사띠*sati* 念입니다. 정념正念입니다. 불선법에다 굳이 뭔가를 안하지요. 사라지는 걸 내버려둡니다. 선법은 내가 필요하니까 거기에는 영양 공급을 하지요. 그래서 유지하도록 합니다. 사띠*sati*를 한다, 챙기고 기억한다는 말이지요. 특별한 먹이를 갖다 먹이는 건 아니고 단지 기억, 유념하는 겁니다. 챙기니까 기억이라는 영양소의 공급을 받아서 멸하지 않고 살아있는 것이지요. 불선한 요소가 사라지고 선한 요소만 남아서 질서정연하게 가다듬어져서 신선한 영양 공급을 받으니까, 댕기 땋아 내리듯 아름답게 흘러가게 된다는 말입니다. 이 또한 상카아라*saṅkhāra* 行는 상카아라인데, 무지의 혼돈, 암흑의 혼돈이 아니라 삭힌 음식이요, 가다듬어진 제3의 소리라는 상카아라가 되는 겁니다. 그렇게 질서 정연하게 마음을 삭히고 댕기 땋아서 유지시키는 이 공부를 우리는 '마음공부'라 합니다. 지금 여러분이 하려고 애쓰고 있는 겁니다.

부처님께서는 마음을 분석하고 지배하는 방법을 여러 가

지 법으로 설하셨는데, 요체는 이날치 명창의 이야기 그대로입니다. 마음을 법으로 갈기갈기 분석하라. 선법, 불선법을 가닥가닥 분석하고 파악하고 장악하라. 마음을 한 가닥 한 가닥 분해하라. 엉겨 붙어 기름 덩어리처럼 되어 있는 놈을 갈기갈기 찢어라. 그리고 빗질해내라. 기름이니 때니, 묻어 있는 것들을 싹싹 빗질해내라. 때와 기름이 뭉치가 되어 뒤범벅이 된 이 마음이란 놈을 갈기갈기 빗질 하라. 빗질은 분해 과정이면서 거기에 묻은 때를 제거해내는 과정입니다. 빗질해 정리된 마음, 명색이 아니라 법이 된 그 마음을 댕기 땋아 내리듯이 마음을 깨끗이 만들어 잘 쓰라는 말입니다.

# 마음 탐색

이렇게 마음을 분해하는 일은 그동안 인류가 좀체 해내지 못했습니다. 왜? 세상에 알기 어려운 게 마음이거든요. 이 마음이란 놈을 분해해서 철저하게 파악하는 것은 쉬운 일이 아니거든요. 심리학이 나오기 전까지는 마음을 건드리지 못했습니다. 안한 게 아니라 못한 것입니다. 이놈을 건드리는 순간 대부분 자기 파멸에 빠져버립니다. 마음이란 놈이 어딘가 밖에 있는 것이 아니거든요. 이게 내 속에 앉아서 주인 노릇을 하고 있는데, 이놈에게 어설프게 칼 댔다가는 대혼란을 일으킬 수 있습니다.

그러니 보통 마음을 있는 그대로 애매모호하게 그냥 덮어두고서, 거기에다가 이 옷 입히고 저 옷 갈아입히는 노릇을 해왔습니다. 대부분의 종교는 옷 입히기 종교입니다. 마음이란 놈을 그냥 두고서 예쁜 옷을 입히면 예쁘게 되겠지, 예쁘게 비치는 거울을 비치면 예쁘게 보이겠지, 마음 자체는 그대로 둔 채 마음이 표출하는 모양새만 가다듬는 데 노력을 해온 것이

기존 종교요, 심지어 서양철학까지도 그렇게 해왔습니다.

오늘날 서양심리학은 불교에 빚을 지고 있는 것 같습니다. 벌써 2500년 전에 불교는 마음을 법으로 갈가리 찢는 작업을 수행했습니다. 서양심리학은 그 역사가 그리 오래되지 않았습니다. 심리학을 개척한 프로이트, 제임스, 아들러 같은 분들이 다 19세기 말 사람들입니다. 〈고요한소리〉에서 펴낸 '법륜' 시리즈 세 번째 《다르마빨라》에 보면, 이분이 미국에 건너가 윌리엄 제임스 교수 강의실을 방문했더니, 제임스 교수가 강의하다 말고 '여기 진짜 강의를 해야 할 분이 오셨다. 한 말씀 해주시오.' 하면서 자기도 청중 속에 앉아서 그분의 강의를 들었다는 이야기가 나옵니다.

서양에서는 과거에 마음의 영역이 거의 무시되어 왔었지요. 그러나 불교는 처음부터 심학心學입니다. 대상인 물질을 규명해 들어가기보다는 근원인 마음을 규명하는 데 중심을 두어 온 독특한 체계입니다. 불교를 심학이라고 본다면, 즉 '마음이 무엇인가?'라고 질문하고 그 본질을 규명해 들어가는 체계라면, 유교는 '마음을 어떻게 쓸 것인가, 마음을 어떻게 드러내 보일 것인가?'를 강구하는 체계입니다. 예를 들면 '마음을 어질게 써라, 효도하는 데 써라, 친구와 우애하는 데 써라'라고 합니다. 기독교에서도 '마음을 사랑하는 데 써라'고 합니다. 이렇게 마음의 표출 방법을 주로 가르쳐 왔지 '마음이 무엇이다.' 이런 이야기는 안 합니다. 마음을 쓰는 데 관한 것은 불교에서는 계행戒行의 영역입니다. 그러나 불교는 계행에서 멈추질 않지요.

불교에서는 마음을 어떻게 쓰고 어떻게 포장해내느냐가 아니라, '마음 그 자체가 뭐냐?'에 집중해 왔습니다. '마음'이란 것은 인류가 접근하기 어려운 일종의 성역이었습니다. 마음은 함부로 접근하면 안 되는 터부시된 영역이었습니다. 왜? 마음이 마음을 건드리다 자칫 잘못하면 대혼란에 빠집니다. 수습할 수 없는 혼란에 빠질 수 있습니다. 그래서 진작부터 이 마음을 다루는 것이 금기시되었습니다.

그런데 부처님의 지혜의 칼에 이 마음은 풍비박산으로 쪼개져버렸습니다. 유일합니다. 그런데 마음을 갈가리 찢어내면서도 조금도 상처를 안 입고 건전할 수 있는 것은 불교가 무아無我에 입각해 있기 때문입니다. 무아에 입각해 있다 보니 마음 그 놈을 칼질 아니라 뭘 해도 상처를 조금도 안 받는 거지요. 왜? 다른 종교는 모두 아我에 입각해 있기 때문에 마음을 건드리는 순간 아我가 먼저 풍비박산 되어버려요. 그 공포 앞에서 움츠러들어 꼼짝달싹 못하고 수습하기에 바빠요. 그러나 불교는 무아에 입각해서 마음마저도 완전히 객관적인 연구 대상으로 만드는 데 성공함으로써, 마침내는 마음이라는 놈을 실험대 위에 놓고 갈기갈기 찢고 빗질하고 마음대로 할 수 있게 된 겁니다.

그렇기 때문에 불교는 처음부터 진정한 행복과 향상을 이루려면, 마음을 완전히 파악해서, 마음의 주인이 되지 않고서는 안 된다고 당당하게 가르쳐왔습니다. 마음을 적당히 포장이나 하고, 어떤 형상으로 표출시키면 된다고 하는 식으로는 문제가 해결될 수는 없습니다. 반드시 마음을 완전히 장악해야 합니다. 그러기 위해서는 마음을 철저히 파악해야 한다고 하였습니다. 모르면 장악 못 합니다. 모르면 신비입니다. 신비는 내 의지 밖입니다.

과학도 신비의 영역을 많이 줄여 왔지만, 오히려 신비는 커지려고 합니다. 아직도 모르는 것이 많다는 것을 발견할수록 신비의 영역은 넓어져만 갑니다. 왜? 과학자들은 바깥에서 찾기 때문입니다. 바깥에서 찾으면 찾을수록 불가사의는 점점 더 넓어집니다. 불교는 그 방법을 처음부터 지양했습니다. '아니다' 하고 버렸습니다. 진정한 지혜, 진정한 평화, 진정한 향상은 마음이란 놈을 완전히 파악하고 완전히 지배하는 길밖에 없다, 그 외에는 길이 없다고 본 것입니다.

신 앞에 아무리 제사를 지내고 아무리 빌고 아무리 바쳐도 안 됩니다. 여러분도 답답하면 점쟁이한테 찾아가 위안을 얻을 때도 있죠. 그러나 가면 갈수록 자기가 스스로 판단하는 능력은 줄어들고, 나중에는 안 물어 보면 불안해서 한 걸음도 못 떼요. 세상사가 다 그렇습니다. 바깥의 권위에, 바깥의 능력에 의지하려 들면 별 수 없이 거기 매어버립니다. 나중에는 그 지배를 안 받고는 단 한 발짝도 스스로 못 걷게 되고 맙니다. 그게 무당이 챙기는 잡신이든, 또는 희랍인들의 신탁을 들어주는 아폴론 같은 신이든, 아니면 기독교의 유일신이든, 혹은 인간 세상에서 전지전능한 전체주의 독재자든, 누구든 간에 거기에 판단을 의지하면 자기 자신은 속절없이 점점 노예로 전락하고 맙니다. 이는 우리가 경험적으로 항상 보는 것이니까 논란의 여지도 없습니다. 바깥에서 해결의 실마리나 해결자를 구하면 자유를 잃게 된다는 것은 분명한 일입니다.

그렇기 때문에 길은 안에서 구해야 합니다. 그런데 안에서 구하는 이것이 바로 지난지사至難之事로 제일 어려운 일입니다. 중국인들 역시나 이 문제에서는 진보를 못 이루었고, 오늘날 세계를 지배한다는 서구문명도 이 문제에서는 이제 겨우 걸음마 단계입니다. 근래 와서, 그것도 동양과 접한 후입니다. 인도를 지배하면서 자원도 착취하고 노동력도 착취했겠지만, 유럽이 인도에서 진정으로 얻은 것은 '밖에서 구하던 것을 안에서 구하는 것으로 전환시켜야 한다.'는 깨달음입니다. 이것이 아마도 유럽의 세계 침략의 결산이라고 볼 수 있을 것입니다.

마음을 분석하고 지배하는 일이 말은 쉬운 것 같지만 실지로 하려면 참으로 어렵습니다. 왜 어려운가? 이 마음을 다루는 데는 두 가지 어려움이 있습니다. 하나는 '내 것이니까 내 마음대로 할 수 있다.'는 선입견입니다. 이건 착각입니다. 여러분이 자기 마음을 자기 마음대로 지배하는 경우가 하루에 몇 분간이나 가능합니까? '내 마음'이란 것, 실제로는 이것처럼 못 믿을 게 없습니다. 여러분이 왜 울고불고, 스트레스 받습니까? 세상살이가 왜 고됩니까? 사실은 마음이 내 마음대로 안 따라주니까 그렇습니다. 마음을 완전히 장악할 능력이 없기 때문에 그렇습니다. 그래서 매일 마음에 휘둘리며 삽니다. 그러면서도 '마음은 내 것'이라고 합니다. 그러곤 안심하고 이 어설프기 짝이 없는 마음에 의지합니다. '내 마음인데 뭐', '내 맘대로 하는데 뭐' 이런 식입니다.

정말 내 마음대로 하는 겁니까? 전혀 아닙니다. 예를 들면 '내가 번 돈 내 맘대로 쓰는데 무슨 문제야.' 이런 말 합니다. '내 맘'입니까? 벌려고 한 것도 쓰는 것도 마음이란 놈이지만, 이 놈이 내 의지나 내 의사와는 관계없이 나옵니다. 제멋대로 나옵니다. 이 마음은 폭군입니다. 지배? 좀처럼 안 받습니다. 지배받으며 온순하게 엎드려 있는 놈이 아니라고요. 조금만 자극 받아도 펄쩍펄쩍 뛰고 난리 납니다. 내 의지하고 관계없어요. 나는 그만하고 싶은데 마음이 안 따라주지요. 저는 저대로 놉니다. 그래서 '내 마음이다' 하고 안심하는 것처럼 큰 착각과 위험은 없습니다. 차라리 '내 육신이다' 하는 게 오히려 낫습니다. 부처님도 그렇게 말씀하십니다. 왜? 이 몸은 늙고 노쇠하고 병도 들고 할지라도 어느 정도는 지속됩니다. 그러나 이 마음은 찰나지간에 변하니 다음 순간에 어떻게 될지 내가 예측도 못합니다. 이 마음 어디로 달아날지 아무도 모릅니다. 그런데도 '내 마음'입니까? 우리는 누구나 '마음이 내 것'이라는 중대한 착각을 범하고 있기 때문에 실제 마음과 맞닥뜨리면 당황하고 어쩔 줄 못합니다. 우리뿐만 아니라 중국인도 서양인도 중동인도 이 마음을 제어하는 데 성공하지 못했던 것입니다.

또 하나의 어려움은 두려움입니다. 마음을 조금 들여다보면 무섭습니다. 이게 갈피를 잡을 수가 없습니다. 부끄럽고 두렵습니다. 자기 마음을 거울에 비추듯이 발가벗겨 놓고 보면 감당할 수가 없습니다. 부끄럽고 창피하고, '내 마음이 이렇게 지저분하고 추한 것인가.' 하고 깜짝 놀랍니다. 누구나 자기는 청정하다는 크나큰 착각을 하고 있기 때문에 막상 마음을 조금 들여다보면 처음부터 그 새로운 모습에 놀라 빨리 뚜껑을 닫아 버립니다.

이 두 가지 요인 때문에 우리는 마음을 통어하지 못해 왔습니다. 그러다 보니 마음 다루는 기술과 능력은 발전이 되지 않았습니다. 개발이 안 되다 보니 항상 덮어 놔두고 쉬쉬하면서 지내다가, 막상 어떤 상황에 부닥치면 또 '내 마음이야' 하면서 그 알량한 마음 가지고 남을 무시하고 경멸도 하고 저 잘난 체하고 아만도 부리고 자존심도 부리고 별짓을 다해요. 그래서 업을 쌓고 있습니다. 한없는 업을. 다음 생 그리고 또 다음 생을 확보해주는 그 수많은 업을 쌓고 있습니다.

현대의 문화적 위기도 알고 보면 이 문제로 귀착됩니다. 부패할 대로 부패하고 썩을 대로 썩어도 그래도 '내 마음'이라고 착각하는 게 오늘날 문화입니다. 마음이 제멋대로 노는 걸 '자유'란 이름으로 오히려 보호하기도 합니다. '자기가 좋아서 하는 걸 누가 감히 말려.' 이런 식이지요. 자기 좋아서 하는데, 제멋대로인데, 왜 간섭을 해? 이런 식의 자유입니다. 마음을 성역으로 일단 인정해 놓고 벌이는 자유론이지요. 민주, 자유, 다 좋은 말입니다. 자유는 해탈 아닙니까. 얼마나 좋은 말입니까. 그러나 마음을 성역으로 설정한 자유는 이 꼴이 되어버립니다.

모든 사회, 언론, 경제체제가 성역처럼 되어 있는 이 마음을 구조적으로 떠받드는 일에 매달립니다. 오늘날의 모든 문제가 여기서 생기고 있습니다. 모두 다 마음이라는 성역을 미리 설정해 놓은 점에서는 똑같습니다. 마음, 이것을 성역으로 모셔 놓고 그게 썩든 말든 그냥 둔 채로 분칠만 하고 옷만 갈아입힐 것인가, 아니면 그 마음을 성역에서 끌어내려서 조각조각 내는데 착수할 것인가, 그래서 좋은 놈은 영양 공급을 하고 빗질을 해서 가다듬고 나쁜 놈은 고사하도록 하는 일에 착수할 것인가 말 것인가, 미상불 중차대한 과제라 해야 마땅하겠지요.

이 마음 빗질은 오로지 무아의 진리를 깨달아 갈수록 성공

할 수 있습니다. 불교라고 해서 불교의 외투를 입었다고 해서 마음을 갈기갈기 찢을 수 있는가? 어렵습니다. 이 일은 무아의 진리를 체계적으로 배우고 다듬어서 마침내는 이 마음을 갈가리 찢고 빗질해낼 수 있도록 나라는 에고ego가 아닌 진리로, 즉 마음을 법으로서 대할 수 있어야만 가능해집니다.

이 험난한 일을 아무도 해결하지 못했는데, 부처님이 해내신 겁니다. 그래서 부처님이 인류의 스승입니다. 왜 그분이 지금까지 우리의 스승인가? 부처님은 문제의 핵심으로 바로 접근하고 해결하는 관건인 이 마음이란 놈을 어떻게 분석하고 어떻게 지배하는가를 밝히셨습니다. 그리고 그 길을 우리에게 아주 체계 정연하게 가르쳐 주셨기 때문입니다. 그런 점에서 '부처Buddha'이노라고 하셨습니다.

요는 이 마음은 가장 다루기 어렵고 알기 어렵고 포착하기 어려울 뿐 아니라, 잘못 건드렸다가는 수습이 불가능한 혼란을 일으킵니다. 그러한 우리의 마음을 아무 탈 없이 갈가리 찢고 빗질하고 댕기를 땋아 내릴 수 있는 기술과 능력을 가르쳐주셨습니다. 이 가르침이 불법佛法입니다.

# 불법으로 마음 다루기

그러면 불법으로 어떻게 마음을 다루어 나가고, 어떤 과정을 거쳐서 제대로 조복 받느냐? 바로 여기서 팔정도八正道라든가 십이연기十二緣起 같은 부처님 지혜의 극치가 나오는 거지요. 그렇게 들어가면 누구도 당황하거나 전도되는 일 없이, 가장 비밀스런 영역이고 성역에 속했던 마음의 세계에 들어갈 수 있습니다. 그리고 그 마음을 갈가리 찢고 빗질해서 마침내는 자기 것으로 만들어서 마음껏 아름다운 데 쓸 수 있습니다. 그 과정을 부처님이 코끼리 길들이기에 비유하고 계십니다.

우리 마음은 길들지 않은 야생 코끼리입니다. 이 코끼리는 숲속을 돌아다니는 것이 습성이지요. 어디 딱 매여 가만히 있는 것은 제 팔자에 없는 일입니다. 왕이 전쟁에 나갈 때는 길이 잘 든 코끼리가 필요하지요. 길들지 않은 코끼리를 타고 나갔다가 그 코끼리가 화살 한 대만 날아와도 놀라서 도망을 간다거나 하면, 이건 전쟁에 진 겁니다. 지도자가 탄 코끼리가 지도자의 마음과 똑같이 의연하게, 화살과 창이 마구 날아들어도 조금도 두려움 없이 전진할 때 전진하고, 지킬 때 지키고 해야 합니다. 그러려면 전쟁에 타고 나갈 코끼리를 단단히 길들여야 합니다.

그와 같이 마음도 길들여서 탐·진·치 삼독이라는 무시무시하고도 뿌리 깊은 적과의 싸움에 나가 마아라의 온갖 유혹, 협박, 공갈, 교란에도 조금도 흔들림 없이 의연하게 싸워서 승리를 거두어야 합니다. 우리는 마음이란 놈을 타고 갈 수밖에 없거든요. 우리가 마아라와 전쟁하는데 마음 말고 믿을 게 뭐 있어요? 몸을 가지고 탐·진·치와 싸우면 이기겠습니까? 마음, 이 마음을 길들여서 마음을 타고 탐·진·치 삼독이라는 적군을 격파해야 된다는 말입니다.

그러면 이 마음을 어떻게 길들이느냐? 마음을 길들이되 코끼리 길들이듯 하라는 겁니다. 코끼리는 어떻게 길들이는가? 숲에 가서 힘센 수놈 야생 코끼리를 잡아와서 널찍한 땅에 말뚝을 튼튼하게 박고 실한 끈으로 목과 발을 단단히 묶어서 말뚝에 매어 도망 못가도록 합니다. 그러고는 먹이도 줬다가 굶기기도 했다가, 말을 안 들으면 막대기나 창 같은 걸로 찔러 고통도 주고 잘 들으면 칭찬도 해주고 하면서 길들이는 거지요. 그런데 코끼리가 얼마나 힘이 셉니까. 이놈이 날뛰기 시작하면 여간한 끈도 끊어지고 말뚝도 빠져버립니다. 그러곤 자기가 살던 숲속으로 도망가 버려요. 코끼리는 숲속에 가서 막 휘

젓고 돌아다니는 것이 좋거든요.

우리 마음은 코끼리보다 열 배 백 배 더 강력합니다. 이놈은 도망을 가는데 찰나지간에 도망쳐 버리니, 우리는 마음이란 코끼리가 도망을 갔는지 안 갔는지도 모르고 있기가 십상이지요. 처음 시작하는 사람은 하루에 한 번 코끼리 챙기기도 어려워요. 코끼리는 벌써 도망갔는데 그냥 멍하니 딴 짓하고 앉았다가 나중에야 '아이고 참, 내가 코끼리 길들이려고 잡아왔는데 어디 갔나?' 벌써 가버린 지가 오래되었습니다. 이렇듯 마음은 하루에 한 번 챙기기도 어렵습니다. '아, 내일은 잘해봐야지. 내일은 그놈을 꼭 잡아 묶어서 다시는 도망가지 못하도록 해야지.' 결심을 하고 잡니다만 아침에 일어나서 바로 챙기기는 참 어렵지요. 한참 있다가 생각하면 '아 참, 오늘 마음을 잘 챙겨야지' 합니다. 그러나 찰나지간에 코끼리는 또 도망가 버렸는데 꾸벅꾸벅 졸고 앉았거나 딴 생각하고 앉아 있습니다.

하루 두 번 챙기면 상당한 진전입니다. 처음에 하루 한 번 챙기다 두 번만 챙겨도 진전이지요. 그렇게 해서 하루에 세 번, 네 번, 다섯 번, 챙기는 횟수가 늘어 가면 그 사람은 착실하게 공부를 하는 것입니다. 그러다 챙기는 습관이 자리를 잡게 되면 상당히 부지런하게 챙기게 됩니다. 도망가면 이내 따라갑니다. 멀리 못 갔으니까 금방 잡아옵니다. 붙잡아 놓으면 또 도망가지요. 도망가지 않기를 바라면 안 됩니다. 도망가는 것이 코끼리의 생리이듯 도망가는 것이 마음의 생리입니다. 여러분이 조금 해보다가 '아이고 다른 사람은 잘 되는 것 같은데, 나는 안 돼.' 이렇게 생각하기 쉬운데, 아닙니다. 누구든 원래 마음이란 놈이 그렇습니다. 그래서 자꾸 도망갑니다.

문제의 요체는 하루에 백 번이든 천 번이든 만 번이든 따라가는 데 있습니다. 그래서 부지런히 계속 잡아오는 겁니다. 만 번을 가든 십만 번을 가든 잡아만 올 수 있다면 그 사람은 정말 공부하는 사람입니다. 잘하는 공부인입니다. 포기하면 그 사람은 중도 낙오자입니다. 그저 그뿐입니다. 도망간다고 한탄할 필요는 없습니다. 원래 마음은 그런 것이니까요. 그저 부지런히 잡아와서 염처念處라는 말뚝에 염念이라는 밧줄로 묶는 것입니다.

그런데 이 밧줄은 약합니다. 아직 우리가 마음 길들이는 훈련이 안 되어 있기 때문에 염력念力이 약해요. 그래서 자꾸 도망을 갑니다. 약하니까 툭 끊고 가버리는 거지요. 중요한 점은 포기하지 않는 겁니다. 십만 번도 좋고 백만 번도 좋다는 자세로 계속 붙잡아 옵니다. 그래서 부지런히 말뚝에 맵니다. 그 약하디 약한 사띠sati 念의 끈으로 염처에다 맵니다.

염처란 것 아시죠? 〈염신경〉에 보면 '호흡을 관하라.' 할 때 그 호흡이 염처입니다. '이 몸이 걸을 때는 걷는 것을 관하라.' 하면 걸음걸이가 염처입니다. 그대로 계속 쉬지 않고 끊임없이 잡아매는 것, 그게 염입니다. 간단없이 매고 챙기는 것, 그 염이 발달하면 단순히 매는 것뿐 아니라 운전까지 할 수 있게 됩니다. 마음을 길들여 장악하고 나면 자동차 운전을 배워 자동차를 운전하듯 마음을 조종하여 방향을 잘 잡아나가고 방해하는 것을 씻어내기까지 합니다. 빗질하여 때를 벗겨내듯이.

이것이 바른 마음챙김[正念]입니다. 처음에 마음챙김할 때는 도망가는 놈을 부지런히 붙잡아 오는 것입니다. 이렇게 십만 번이든 백만 번이든 부지런히 잡아올 뿐입니다. 해야 할 일은 오로지 잡아와서 잘 길들일 뿐입니다.

이렇게 잡아오되 마음을 묶는 말뚝은 될 수 있으면 색깔 없는 것으로 해야 합니다. 예를 들면 부처를 염한다, 즉 염불한다, 다 좋습니다. 기독교에서 신을 관상한다, 그것도 좋습니다. 그러나 신이나 부처나 보살은 색깔이 너무 강합니다. 색깔 없는 것이 좋습니다. 왜? 우리는 정말 자유로워지려는 것이니까, 우리는 무엇으로부터든 끊임없이 해탈하여 자유로워지려는 것이니까 색깔 있는 무엇을 내 안에 담았다가 나중에 그것으로부터 또 해탈하려고 몸부림치는 것보다는 처음부터 색깔 없는 것을 이용하는 게 좋습니다. 무엇이 되었든 색깔은 없는 게 좋습니다. 그래야 색깔의 피해를 입지 않습니다. 그래서 부처님이 호흡이나 육신을 관하라고 하신 겁니다. 색깔 없는 대상을 염처로 하여 항상 우리 마음을 거기에 묶어 길들이도록 해야 합니다.

　길을 들일 때 어떤 주문을 외우는 게 아닙니다. 있는 그대로 바라볼 뿐입니다. 있는 그대로요. 요가에서는 긴 호흡을 해라, 조용하게 해라 하지만 〈염신경〉에 보십시오. '긴 숨을 들이쉬면 긴 숨을 들이쉰다고 안다, 긴 숨을 내쉬면 긴 숨을 내쉰다고 안다, 짧은 숨을 들이쉬면 짧은 숨을 들이쉰다고 안다, 짧은 숨을 내쉬면 짧은 숨을 내쉰다고 안다.' 늙어 가면 늙어가는 줄 알고, 병들면 병드는 줄 알고, 죽으면 죽는 줄 알 뿐이지요. 안다, 본다, 빠자아나아띠*pajānāti* 正知합니다. 빠자아나아띠하면 빤냐*paññā* 般若가 생깁니다. 빤냐가 바로 피안에 우리를 날라주는 뗏목의 운전수요 법의 기수지요. 그저 있는 그대로 볼 뿐입니다. 세상에 제일 쉬운 방법이지요. 뭘 하란 말 하나도 없어요. 있는 그대로 보아라, 그저 있는 그대로를 바라보기만 하면 되니까요.

　그것이 자리가 잘 잡히면 그 다음에 '온몸을 경험하면서 들이쉬고 내쉬어라.', '신행身行을 가라앉히면서 들이쉬고 내쉬어라.' 그런 이야기입니다. 가라앉히라는 것은 사마타*samatha*를 기르는 일이고, 있는 그대로 보는 것은 위빳사나*vipassanā*를 키우는 일이죠. 위빳사나, 사마타가 다 발전하면 마침내는 바른 마음챙김, 바른 집중, 그리고 칠각지七覺支의 실현과 팔정도八正道의 완성으로 나아가게 됩니다. 불자는 이러한 길을 조용히 한걸음씩 나아가야 합니다.

구하면 안 됩니다. 바라고 몸부림치면 안 돼요. 그냥 길을 꾸준히 걷다 보면 언젠가는 목적지에 닿도록 되어 있습니다. 예를 들어, 서울에서 부산을 갑니다. 걸어서 가고 있습니다. 그 사람이 한 발 떼어놓고는 '부산 다 왔는가?' 고개를 쑥 내밀고, 두 발 걷고 '다 왔는가?' 내밀곤 하면 그 사람 곧 지쳐서 주저앉고 맙니다. 먼 길 걷는 사람은 방향을 딱 잡고 앞만 바라보면서 그저 한 발 한 발 걸어갈 뿐입니다. 그러한 자세로 공부해 봅시다.

마음 길들이기를 이렇게 하라는 것이 부처님 가르침입니다. 음식도, 소리도, 머리카락도 그렇듯이, 이 마음도 그렇게 가르고, 삭히고 또 삭혀서 고급스럽게 만들어가라는 이야기입니다.

# 3장
# 참선과 중도

---

어떤 자세로 앉는가?

앉음은 중도

어떤 마음가짐을 갖는가?

의意는 어떻게 두는가?

의意를 챙겨 상想을 재운다

온몸을 경험하며 호흡한다

'온몸 경험'도 중도

왜 호흡을 관하는가?

호흡으로 가라앉힌다

잡념은 어떻게 묶는가?

절망 마시오

# 어떤 자세로 앉는가?

　자, 가부좌 자세로 앉아 보세요. 결가부좌가 어려우면 반가부좌를 하세요. 다리가 짧고 허벅지가 굵은 체형이라면 결가부좌는 다리와 골반에 무리가 따를 수 있으니 반가부좌가 좋습니다. 반가부좌는 오른쪽이든 왼쪽이든 한쪽 다리를 다른 쪽 다리 위에 얹으면 됩니다. 될 수 있으면 무릎 위까지 발이 올라오도록 하세요. 몸이 불편하신 분은 굳이 가부좌를 하지 않으셔도 좋습니다.

　허리를 펴서 곧게 세우는 것이 기본입니다. 꼬리뼈부터 엉덩이뼈가 끝나는 데까지 등마루를 이루는 뼈대가 척량골脊梁骨인데 이 척량골을 수직으로 딱 세워서 지표면과 곧게 수직이 되도록 합니다. 등골을 받치는 대들보라고 해서 척량골이라고 합니다. 등이 굽어 몸이 앞으로 숙여지지 않도록 척추의 기둥을 세우면 똑바로 앉는 느낌이 듭니다.

　허리를 바로 펴는 게 아주 중요합니다. 졸고 있거나 근심 걱정을 하면 벌써 허리가 척 꺾이지요. 허리를 바로 펴면 근심 걱정을 하는 일이 줄어들게 됩니다. 로댕의 〈생각하는 사람〉은 온갖 근심 걱정을 다 끌어안고는 번민하고 있는 모습이지요. 허리를 굽히고 있는 사람은 틀림없이 번민하거나, 망상에 빠져 있거나, 혼침 상태인 것입니다. 불교의 반가사유상이 로댕의 〈생각하는 사람〉과 비슷한 듯해도 이는 삼매가 제대로 이루어진 이후에나 가능한 깊은 사유의 자세인 것입니다.

허리를 펴면 자연히 상체가 바르게 되고, 호흡도 달라집니다. 사람에 따라서 왼쪽이나 오른쪽으로 기우는 경향이 있는데, 기울지 않게 하려면 팔을 뒤로 돌려서 손을 맞잡고 이마를 바닥에 닿도록 숙여 보십시오. 그런 다음에 미추골을 그 자리에 둔 채, 상체만 일으킨다는 식으로 몸을 일으켜 보세요. 그러면 자세가 딱 바르게 됩니다.

처음 앉는 분일수록 각별히 주의해서 좋은 자세가 되도록 노력해야 합니다. 다만 무리가 따르면 가급적 그 자세에 가깝게 되도록 노력 해보세요. 무리하지는 말고 편안하게 바르게 하되 힘이 들어가지 않도록 합니다.

양손은 손바닥을 위로 보게 포개어 편안하게 앞에 두고, 상체가 좌우 어느 한쪽으로 기울지 않도록 균형을 잡아 받치고 있다는 생각으로 양 엄지손가락을 마주 닿게 합니다. 그러면 몸의 균형도 잡히고 좌우의 기가 통해서 명상을 오래할 수 있습니다.

바른 자세를 취했으면 자세는 그대로 둔 채, 힘이 들어가거나 긴장한 곳이 없는지 살펴보세요. 머리 위에서부터 발끝까지 내려가면서 힘을 쭉 빼십시오. 힘이 들어갔다는 것은 무리가 가해졌다는 말이고, 무리가 가해지면 결국 병이 됩니다. 어디든지 힘이 모이면 그대로 병이 됩니다. 잠깐 앉는 것이 아니고 평생 동안 습관을 들여야 하므로 무리가 따르지 않도록 힘을 빼십시오. 어디에도 힘을 주지 않으면서 자세는 발라야 됩니다. 처음에는 이 대목이 힘듭니다.

보통은 위를 쳐다보고 앉게 되는데, 이러한 자세는 좋지 않으므로 턱을 밑으로 약간 당기십시오. 턱을 당기면 머리 정수리 부분이 하늘을 찌르는 듯한 자세가 됩니다. 특별히 노력할 것은 혀인데, 혀를 말아서 그 밑바닥을 입천장에 붙입니다. 훈련하여 습관이 되면 힘들이지 않고 하게 됩니다.

그 다음은 눈인데, 집중하려고 노력하면 눈에 힘을 주게 되지요. 그래서 눈이 제일 피로해집니다. 자기도 모르게 눈에 힘이 들어가니까 그때마다 힘을 빼도록 하세요. 본래는 눈을 감아야 하는데, 감다 보면 자꾸 졸리지요. 그래서 반개半開, 즉 눈을 반쯤 뜨는 것을 권합니다. 크게 뜨면 시야가 열려서 뭔가를 보게 되니 졸음을 방지하기 위해 아주 감지는 말고 희미하게 뜨는 것입니다. 그냥 멀거니 뜬 채 눈길을 1~2미터 전방에 던져놓고 시력을 주지 않으면, 그게 반개 상태입니다. 감은 것도 아니고 뜬 것도 아닌 상태인데, 이때 뭔가를 보지 않도록 합니다. 졸지만 않으면 감아도 무방합니다.

처음 앉는 분들은 대개 몸이 유연하지 못하니까 선방禪房에서도 요가 같은 것을 많이 합니다. 몸을 좀 더 유연하게 만들어 좋은 자세로 잘 앉아서 무리가 없도록 하기 위함입니다. 자, 이대로 한 시간 앉아 있어 봅시다.

# 앉음은 중도

　요새는 여러 곳에서 가부좌로 앉는 법을 가르칩니다. 그래서 여러분도 앉는 방법이나 호흡하는 방법은 친숙하게 알고 있을 겁니다. 힌두교에서도 그렇고, 기공이나 요가학원에서도 그렇고, 서양 신비주의자도 다 이런 식으로 앉습니다. 따라서 이렇게 앉는다고 해서 다 불교 수행이라고 할 수는 없습니다.

　그러면 불자로서 앉는다는 것은 무엇이 다를까요? 우리가 앉아 정진한다 함은 힌두 요가를 하는 것도 아니고 건강 비법을 훈련하는 것도 아닙니다. '법法 Dhamma을 알겠다'는 마음에서 앉아야 불교 수행으로서의 의미가 있는 것입니다. 한마디로 부처님이 가르치신 수행의 길, 즉 팔정도八正道를 이해하고 앉을 때라야 비로소 불자로서의 앉음이 이루어진다는 말입니다. 팔정도가 곧 중도中道입니다. 또한 그렇게 앉으면 그것도 중도입니다.

　마음공부하려면 앉는 것이 좋습니다. 앉아서 마음을 모으지요. 서 있을 때는 활동적이고, 누워 있을 때는 너무 정적이어서 곧 잠이 옵니다. 앉음은 서 있음도 아니요 누워 있음도 아닌 중도의 자세입니다. 우리가 취하는 자세는 서거나 눕거나 앉거나, 이 세 가지입니다. 그 중 '섬'도 아니요 '누움'도 아닌 '앉음'이 중中이라고 할 수 있습니다.

　서 있을 때 성한 것은 활동성인데 그 대신에 부족한 것은 고요함이지요. 누워 있을 때는 고요함이 성한데 활동성이나 깨어 있음은 약합니다. 두 가지를 살리려면, 즉 깨어 있으면서 고요하려면 앉는 것이 제일 좋습니다. 그래서 앉는 겁니다.

# 어떤 마음가짐을 갖는가?

　　그런데 앉을 때 '무엇을 목표로, 어떤 마음가짐으로 앉느냐' 하는 점이 끝까지 중요한 문제입니다. '앉는 방법이 어떻고, 자세가 어떻다' 하는 것은 기본이지요. 알파벳을 배웠다고 영어를 할 수 있는 것은 아니잖아요. 앉는 것은 수행을 실질적으로 하기 위한 과정일 뿐, 실 수행에서는 마음가짐이 제일 중요하다는 말입니다.

　　수행 목표와 그 목표를 해석하는 입장이 각각 다를 수 있으니 공부하는 마음가짐이나 인식도 다릅니다. 예를 들면, 요즈음 위빳사나*vipassanā*가 유행인데, 부처님이 '위빳사나 수행'이라는 말을 쓰신 적이 있을까요? 제가 알기로 경에는 이 말이 나오지 않습니다. 부처님이 '위빳사나'라는 단어를 쓰긴 쓰셨는데 어떤 의미로 쓰신 것이냐 하면, 위빳사나는 일종의 지적 능력이라는 겁니다. 말하자면 정定에 들어선 마음이 어떠한 법의 요소를 가지고 있는지를 보는 것이 바로 위빳사나입니다. 빠알리 경에 나오는 위빳사나는 그렇습니다.

그런데 빠알리 경에는 후세에 첨가된 것이 분명한 장이 있는데, 거기에 보면 사마타samatha와 위빳사나란 말이 나옵니다. 사마타와 위빳사나 이분법으로 설정되어 있어요. 이 부분이 근거가 되어 오늘날 '사마타 수행'이니 '위빳사나 수행'이니 하는데, 앞에서 말씀드린 바와 같이 저의 생각은 이와는 조금 다릅니다.

부처님은 수행 기법을 가르치려 노력하실 필요는 없었지요. 당시 부처님 제자들은 벌써 어디선가 공부를 많이 하고 온 분들이거든요. 초기의 부처님 제자들은 자기 제자를 몇 백 명씩 거느리던 분들이에요. 사리뿟다도 부처님을 찾아올 때 제자를 250명이나 거느린 스승이었어요. 목갈라나도 그렇고 다들 수행의 대가들이지요. 그분들 보고 부처님이 '이렇게 앉아라, 저렇게 앉아라' 하셨겠습니까?

그런데 후대로 가면서 아무것도 모르는 초심자들이 들어오니까 수행 기법도 가르칠 필요가 생겼겠지요. 그러나 그런 일은 주로 제자들이 담당했을 겁니다. 인도 사람들에게 앉는 것은 아무 일도 아닙니다. 일종의 문화예요. 요가 문화 같은 거지요. 나무 밑에 가서 앉는 것은 공부를 하는 사람이든 하지 않는 사람이든 다 해요. 산야신(힌두교의 남성 출가자)도 앉고, 고행자도 앉고, 어느 종파든 다 앉습니다.

앉는 게 문제가 아니라 어떤 마음가짐으로 앉느냐가 중요합니다. 부처님은 마음가짐을 기본으로 가르치셨어요. 그래서 팔정도를 가르치신 겁니다. 공부를 몇 십 년 하고 온 사람들에게 팔정도를 가르치셨습니다. 팔정도는 공부를 하면 할수록 그 필요성을 절감하게 됩니다. 참선을 몇 십 년 하면 할수록 팔정도에 의지하지 않으면 야단납니다.

초심일 때는 그렇게 예민한 문제가 아닙니다. 조금 시행착오가 생겨도 괜찮지요. 그런데 마음공부를 하면 할수록 의식의 집중력이 강해지고 터가 잡혀 갑니다. 우리가 향상을 도모한다 함은 나 자신의 습관과 싸우는 겁니다. 앉는 것도 새로운 습관을 만드는 것인데 이게 잘못된 습관으로 굳어지면 나중에 고칠 때 얼마나 힘들겠습니까? 나중에 바로잡기란 열배 백배 어렵습니다. 백지 상태에서 바로 그리기도 어렵지만 잘못 그린 그림 위에 다시 그림을 잘 그리기란 더더욱 어렵습니다. 한참 공부를 하다가 어떤 경계에 부딪치고 집착심이 생기고 번뇌에 빠져들면 고치기 쉽겠습니까? 화두를 드는 사람이 화두 제목 하나 바꾸는 것도 쉽지 않습니다. 그런데 습관이 쉬 고쳐지겠습니까?

어떻게 보면 처음이 가장 좋은 시절이지요. 분명하게 끊을 것은 끊고 치울 것은 치우고 해서, 적어도 마음가짐의 정리는 반듯하게 될 수 있다는 말입니다. 처음 한 걸음이 그렇게 중요하니까 선종에서도 '호리의 차가 있으면 하늘과 땅만큼 벌어진다[毫釐有差 天地顯隔]'라고 하지 않습니까. 처음의 털끝만한 차이가 나중에는 천리만리로 벌어지는데 이 천리만리를 다시 되돌리기가 쉽겠습니까?

시간이 걸리더라도 부처님 법 공부는 처음부터 명확하고 분명하고 정확해야 합니다. 여러분이 누군가 '참선해서 한 소식 했다'는 말을 들으면, 그런 건 전부 그 사람들에게 양보해버리십시오. '경험했다'느니 '봤다'느니 하는 사람들, 어떤 면에서는 참 불행한 사람이 될 수도 있습니다.

그래서 마음공부는 처음부터 잘해야 합니다. 처음부터 마음가짐을 바로 해야 합니다. 그러려면 팔정도를 해야 합니다. 처음에도 팔정도, 중간에도 팔정도, 끝에도 팔정도! 부처님의 팔정도는 참 신통하고 대단합니다. 그 길을 따라 나아가면 진리가 실현된다는 게 부처님이 확언하시는 바입니다.

# 의意는 어떻게 두는가?

　　바른 마음가짐으로 바른 자세로 앉고 나서 그 다음 제일 중
요한 것은 '의意mano를 어떻게 둘 것인가' 하는 점입니다. 일반적
으로 '의'를 의식이라고 하지요. 부처님은 의를 두는 방법에 대해
서 '빠리무캉 사띵 우빳타뻬뜨와parimukhaṁsatiṁupaṭṭhapetvā'라
고 말씀하셨습니다. 빠리pari는 '주변'이고 무카mukha는 '입' 또
는 '얼굴'입니다. '입이나 얼굴 주변에 마음챙김을 확립하고'라는
뜻입니다. '두루'라는 뜻도 있으니까 '두루 입이나 얼굴 주변에 사
띠sati를 확립하고'라고 이해할 수 있습니다.

　　요즘 일반적으로는 '얼굴 전면에 의식을 집중하고'라고 해
석합니다. 의식을 자기 얼굴 앞에 세운다는 겁니다. 영어로는
'in front of'인데, 이 말은 학생들이 한 교실에 쭉 앉았을 때, 그
중에 제일 앞에 앉았다는 뜻이 아니에요. 선생님이 학생들을
마주하듯이 마주하는 것을 'in front of'라고 합니다. 그러니까
의식을 앞에다 마주 세워 자기를 돌아보는 겁니다. 거울을 통
해서 나를 보듯이 의식을 마주 세워서 나를 본다는 말이지요.

구체적으로는 안·이·비·설·신·의眼耳鼻舌身意 육입六入 중 의意가 오입을 보는 겁니다. 눈·귀·코·혀·몸, 즉 안·이·비·설·신을 본다는 겁니다. 안·이·비·설·신은 온 세상이 들어오는 경로입니다. 일체 세상, 일체 주변이 나에게 들어오는 경로가 이 다섯 가지거든요. 그래서 보통은 오감이라 하고, 불교에서는 오입 또는 오처五處라 합니다. 아아야따나āyatana이지요. 다섯 아아야따나를 본다. 의意가 앞에 서서 다섯 아아야따나를 지켜본다, 거기에 무엇이 들어가고 무엇이 나가는가를 본다, 그렇게 의를 둔다는 겁니다. 의, 즉 마노mano를 그렇게 유지하는 것을 사띠sati라 합니다.

그러면 마노는 무엇인가? 벌써 우리가 매우 본격적인 불교 이야기 속으로 들어왔습니다. 불교에서는 '나'와 바깥세상과의 접촉은 안·이·비·설·신·의를 통해서 이루어진다고 봅니다. 눈·귀·코·혀·몸의 다섯 가지는 당시 인도의 어떤 학파에서도 다 인정하던 감각 기관입니다. 그런데 부처님은 의意라는 감각기관 하나를 더 보탰습니다. 의라는 감각 기관이 바로 마노입니다. 그만큼 마노는 불교에서 특별히 중요한 개념입니다.

그러면 이 마노라는 감각 기관의 기능이 뭐냐? 바로 법法을 아는 기능입니다. 즉, 가치세계, 정신세계를 아는 것이 마노의 기능입니다. 우리말에 '소귀에 경 읽기'라는 속담이 있지요.

소에게 아무리 경을 읽어줘 봐야 소는 눈만 끔벅끔벅 하고 있어요. 그런데 사람에게 '야, 인간아! 너 그래서 되겠니?'라고 하면 어린애도 알아듣지요. 꾸지람을 들으면 기가 죽고 미안해하는 건 인간이 마노, 즉 의意를 가졌기 때문입니다. 의라는 기능이 있기에 꾸지람이든 칭찬이든 알아듣거든요. 거기서 윤리 도덕이 생길 수 있고 해탈·열반도 가능한 겁니다. 그래서 인간은 의라는 근根 *indriya*을 가졌다고 하는 겁니다.

원래 마노의 기능은 '감각 기능, 즉 아는 기능'입니다. 그런데 우리나라에서는 의*mano*를 뜻meaning으로 이해해서, '의미意味'라는 말이 생겨버렸어요. 그러면 의미는 '의意의 맛'이고, '의가 아는 맛'이 되는 셈이므로 법 자체가 되어버려요. 법을 아는 게 의인데, 우리는 "너, 그 뜻 아니?"라고 할 때의 뜻이라는 개념으로 의를 쓰고 있지요. 그렇게 되면 의는 감각 기관이 아니라 그 대상이 되어버립니다.

의, 즉 마노를 챙기는 것이 마음챙김, 사띠*sati*입니다. '사띠를 확립하고'라는 말은 결국 '의를 챙기는 데 집중하고'라는 말이 되겠지요. 의가 법을 아는 마음이니, 결국은 '법을 아는 마음을 딱 챙겨서'라는 뜻입니다. 마음챙김, 사띠는 불교 수행의 핵심으로서 처음부터 끝까지 놓치지 않고 챙겨야 하는 실천 지침입니다.

# 의意를 챙겨 상想을 재운다

의意, 즉 마노를 챙긴다는 것은 산냐saññā 想의 놀이터 구실을 하는 의처意處 mano āyatana를 의근意根 mano indriya으로 바꾼다는 뜻입니다. 마노는 법을 보는 기능이지요. 하지만 사람들은 보통 수受와 상想, 즉 느낌과 인식으로 바깥 대경만을 봅니다. 상은 바깥 대경을 인식하는 능력이지요. 바깥 대경을 보고 백 년을 앉아 봤자 공부가 될 리 만무합니다.

우리는 생래적으로 상想 놀음을 하고 있어요. 철학을 하는 것도 상이요, 예술을 하는 것도 상이요, 신문을 보고 생각하는 것도 다 상입니다. 예를 들면, 내가 이 물건을 봅니다. 이 물건에도 세속적 가치가 묻어 있어요. 비싼 거다, 좋은 거다, 최신이다, 예쁘다, 모양이 좋다, 값이 얼마다, 외제다 등등 온갖 가치가 다 묻어있지요. 그걸 보고 앉아 있는 것을 백 년 해봐야 공부하고는 관계가 없습니다.

바로 이 산냐를 그치고 법을 아는 능력인 마노의 순수한 기능을 살리는 것이 관건입니다. 그러나 같은 마노라도 느낌과 인식이 노는 무대로서의 마노는 수受와 상想의 놀이터[意處]일 뿐입니다. 마노가 수와 상을 위한 무대로서의 기능을 그치고, 즉 수와 상을 몰아내고 마노 그 자체를 마노답게 기능하도록 의근意根으로 바꿔주어야 합니다. 그러기 위해서는 상 놀음을 그쳐야 합니다. 상 놀음을 그치게 만들고 마노를 마노답게 되도록 만드는 것이 마음챙김, 사띠입니다.

그런 측면에서 사띠는 마음챙김, 정확하게 의意 챙김이라고 할 수 있습니다. 그러니까 '사띠를 제대로 챙긴다, 사띠가 강하다' 하는 것은 그만큼 '산냐가 약해져 쫓겨 가고 있다' 또는 '산냐가 마노라는 무대에 와서 멋대로 방자하게 굴지 못한다'는 뜻입니다.

# 온몸을 경험하며 호흡한다

　지금 우리는 그런 변화를 위해 공부하는 것입니다. 똑바로 앉으라는 것도 그런 자세가 의근을 키우는 데 도움이 되기 때문입니다. 바르게 앉아서 호흡은 가장 자연스럽게!

　자연스러운 것이 참 좋습니다. 억지로 하면 안 돼요. 정신 집중을 하려고 너무 애쓰면 상기병上氣病 같은 큰 병이 생길 수 있어요. 또한 성공한다 해도 무당이나 점쟁이가 되어버릴 수 있어요. 신들리기 딱 쉽습니다. 아주 위험해요. 각자 자기에게 편하게 호흡을 하면 됩니다. 천천히 걷는 것이 좋은 사람이 있고 조금 빨리 걷는 게 좋은 사람도 있듯이 사람마다 자기에게 맞게 호흡하면 됩니다. 올바른 자세를 확립하고 호흡은 편안하게!

　남방 위빳사나 전통에서는 의식은 코끝 아니면 코끝을 흐르는 숨결이 닿는 윗입술에 집중하라고 합니다. 그런데 코끝에 의식을 집중하면 현대인들은 자칫 상기上氣 증세 같은 고약한 병이 생길 수 있어요. 현대인들은 옛날 사람들과는 많이 다릅니다. 그래서 걸핏하면 상기되어 열이 막 올라오고 머리가 빠개질듯이 아프지요. 이렇게 되면 앉기만 해도 습관적으로 상기증에 시달리게 되어 공부가 힘들어지지요.

그래서 미얀마의 마하시 사야도 같은 분은 의식의 초점을 낮추는 것이 좋다고 해서 배꼽이나 하단전에 의식을 집중하라고 가르칩니다. 붓다고사 이래로 내려오는 남방의 가르침은 코끝에 의식을 집중하라는 거였지요. 의식을 어떻게 집중하느냐? 붓다고사는 이런 비유를 듭니다. '성문에 성문지기가 있다. 이 문지기가 시내에 들어오는 사람이 누군지 나가는 사람이 누군지 다 점검한다. 나가는 사람을 따라서 나가는 것도 아니고, 들어오는 사람 따라 시내로 들어오는 것도 아니고 여기 딱 서 있다.' 그렇듯이 우리 의식도 길게 들이쉬면 '길게 들이쉰다'고 보고, 길게 내쉬면 '길게 내쉰다'고 보면서 여기서 떠나지 말라. 이게 붓다고사 전통의 가르침입니다.

부처님 경에는 어떻게 되어 있을까요? '온몸을 경험하면서 들이쉬리라. 온몸을 경험하면서 내쉬리라'라고 되어 있습니다. 이 말씀은 '코끝에서 멈춰 지켜보라'라고 한 남방 쪽 입장과는 다릅니다. 온몸을 경험하고자 한다면 호흡이 길게 쑤욱 들어가면 의식도 따라 들어가면서 지켜봐야 할 게 아닙니까?

그러니까 '온몸'이라는 말의 해석을 놓고 차이가 벌어지는 것이지요. '온몸이라는 것은 호흡의 온몸이다. 호흡의 처음,

중간, 끝 부분을 말한다.' 이렇게 해석하는 것입니다. '코끝에서 호흡이 처음 시작되는 부분, 중간 부분, 끝 부분을 계속 보면서 있어라. 이게 온몸을 경험하는 것이다.' 이런 해석이 남방 전통입니다. 그것은 지금도 절대 어기면 안 되는 것으로 되어 있어요.

그러나 부처님은 그렇게 가르치지 않습니다. 〈염신경念身經〉을 비롯하여 〈염처경〉, 〈안반수의경〉 등을 보면 "온몸을 경험하면서 숨을 들이쉬고 내쉬리라."고 하셨습니다. 여기에서 온몸은 머리끝에서 발끝까지입니다. 이렇듯 굉장한 차이가 있습니다. 수행법도 이렇게 다를 수 있습니다. 그래서 어떤 것을 따를지는 선택의 문제입니다. 어떤 쪽을 따를 것인가? 마하시 사야도를 따를 것인가? 붓다고사의 가르침을 따를 것인가? 사리뿟다 시대의 가르침을 따를 것인가?

저는 근본불교를 취하는 입장입니다. 저도 처음에는 마하시 사야도의 책도 보고 붓다고사의 《청정도론》도 보았어요. 어떤 수행법을 따르느냐는 수행의 방법에서 끝나는 문제가 아닙니다. '왜 불교를 공부하느냐?' 하는 문제까지 연결됩니다.

정신 집중을 가장 효율적으로 빨리 이루는 데에 역점을 둬 버리면 결국은 숙달된 테크니션이 되는 것이지요. 정定 전문가가 된다는 말입니다. 우리가 정 전문가, 집중 전문가가 되려고 불교에 들어왔나요? 아니지요. 그러니까 어떻게 수행하느냐는

'불교가 뭐냐, 해탈·열반이 뭐냐' 하는 데까지 관계되는 문제입니다.

테크니션이 보는 해탈과 윤리, 도덕자가 보는 해탈은 다르지 않겠어요? 인도에 가면 정定 테크니션이 정말 많은 것 같아요. 그런데 그 사람들이 생각하는 차원이 어떤지는 문제가 많겠지요. 대개 테크니션들은 안목이 좁잖아요. 어느 분야든 마찬가지입니다. 정 전문가도 결국은 안목이 좁아지기 쉽겠지요.

과연 그게 해탈의 길일까요? 어떤 분들은 '해탈을 하면 넓어지니까 그때까지 좁혀야 한다'고 얘기하는데요, 그러나 우리가 보기엔 넓은 문은 처음부터 넓고, 좁은 문은 처음부터 좁습니다. 부처님 법이 정말 넓은 문이라면 처음부터 넓게 잡고 들어가야 된다고 봅니다.

# '온몸 경험'도 중도

    예를 들면 '이뭐꼬'하는 수행법을 봅시다. 우리나라 선종에서 하는 '이뭐꼬'도 벌써 추상 개념입니다. 여기는 산냐가 작용하지 않을 수 없어요. 상想, 즉 인식 작용이 일어날 수밖에 없습니다. 나타나는 것을 대상화시켜 인식해요. 관찰의 대상이 되든 사고의 대상이 되든 대상화시켜서 인식하는 것이 상입니다. 자기도 모르게 상 놀음을 하게 되는 겁니다.

    그러면 어떤 문제가 있느냐? 우선 대상의 범위가 굉장히 커져버립니다. 무한대로 넓어져 바깥으로 한없이 뻗어나가서 저 우주를 담고도 좁은 거지요. 그러면 장쾌한 맛은 있겠지만 사실은 이미 바깥에 정신을 뺏겨 버리는 겁니다. 상 놀음을 하면 정신을 빼앗기기 쉬워요. 그래서 선지식들이 상 놀음에 대한 경책의 말씀을 그렇게 많이 할 수밖에 없는 것입니다. 반대로 몸의 어느 한 군데에 집중하면 정신 집중을 일으키기에는 좋겠지만 너무 좁아져버립니다.

    그런데 부처님은 '온몸'이라고 했어요. '온몸'은 나라는 존재를 담는 전부인데, 바깥에 비하면 좁고 몸 어느 한 부분에 비하면 넓지요. 그러니까 온몸을 경험한다는 것도 중도中道입니다. 앞에서 '앉는 것'이 중도라고 했는데, '온몸을 경험하며 호흡한다'는 것도 중도입니다. 그러면서 산냐를 중지시키는 것입니다.

결국 중도는 '있는 그대로'를 지켜보는 것입니다. 이게 참 어렵습니다. 산냐는 우리의 통상적 인식인데, 있는 그대로 보는 것이 아닙니다. 여기 그릇이 있다고 합시다. '그릇'이라는 말에는 이미 어떤 관념이 담겨 있습니다. '물그릇에는 물을 담고' '이태리 그릇은 비싸고' '유리그릇은 위생상 좋고', 별별 관념이 다 담겨 있습니다. 우리는 이렇듯 관념으로 그릇을 보는 습관에 젖어 있습니다. 그렇게 과거로부터 축적된 정보나 관념들에 젖어서 보니까 있는 그대로 못 봅니다. '그릇'이라는 이름도 우리가 붙인 것이지요. 이 그릇이 대답할 능력이 있다면 '나는 그릇이요'라고 스스로 말할까요?

이처럼 우리는 있는 그대로를 못 보고 우리가 붙인 이름으로, 우리 관념으로, 우리 편할 대로 일방적으로 우리 식으로 봅니다. 주관적으로 본다는 겁니다. 있는 그대로, 과학적 객관성까지도 넘어서 정말 있는 그대로 보기 위해서는 우리의 보는 습관을 내려놓아야 합니다. 주관적 버릇을 하나하나 찾아내어서 그것을 밀쳐내고, 아무런 주관의 개입이 없이 사물을 볼 수 있는 눈을 키워나가기 위해서 중도로 보는 훈련을 하는 것입니다.

인식한다는 것은 상상한다는 것입니다. 바깥의 뭔가를 눈으로 본다는 것도 이미 상상입니다. 인식 그 자체가 상상에 불과한 것입니다. 예전의 경험을 온통 동원해서 '저게 뭐였고, 이름이 뭔데' 하면서 대상을 아는데, 이처럼 과거 기억이 작용해서 이루어지는 과정이 인식입니다. 그런 과거의 경험, 미래에 대한 예상, 바깥에 대한 추측을 떠나야 실다운, 실질적 지혜의 지각, '참다운 봄'이 시작됩니다.

무엇이든 경험으로 확인해야 합니다. 상상만 해서는 안 되지요. 불교 공부는 상상의 단계에만 머물러서는 안 됩니다. 세속 공부야 상상으로 이루어지는 것이지만 불교 공부는 상상의 차원을 넘어서야 합니다. 상想 놀음, 식識 놀음을 하면 안 됩니다. 내가 지금 '아프다'라는 사실은 현재 여기서 아픈 것이니까, 과거의 기억을 빌릴 필요가 없는 것입니다. 아프면 아픈 거지요. 그러나 저 사람이 아픈 것은 내가 직접 느끼지 못하지요. 그러면 과거 내 경험을 다 동원해서 상상할 수밖에 없어요. 어디가 아프냐? 어떻게 아프냐? 그렇게 따지면서 내 경험의 전부를 동원해야 합니다. 그건 상상입니다.

내 몸을 볼 때는 상상이 필요 없어요. 있는 그대로 딱 확인할 수 있는 이 몸, 바로 이 몸을 총동원하여 마음챙김을 하는 것입니다. 이것이 중도입니다. 좁지도 않고 넓지도 않고 딱 중中

입니다. 이것을 벗어나도 안 되고 어느 한 부분에만 빠져도 안 되니까, 온몸을 경험하는 것입니다. 이렇게 하는 것이 근본불교의 입장일 것입니다.

부정관不淨觀을 하는 이유도 거기에 있어요. 머리끝부터 발끝까지를 보고 있거든요. 머리카락이 있고, 피부가 있고, 뼈가 있고, 살이 있고, 발톱이 있고……. 모두 내 몸이고 내가 확인할 수 있는 것입니다. 이건 상상하는 게 아닙니다. 내가 똥오줌을 보는 것이거든요. 몸의 서른두 가지 부분을 다 확인할 수 있어요. 그걸 관찰할 따름입니다. 그걸 벗어나도 안 되고, 또 그 중 한 부분에 너무 빠져서도 안 돼요. 이것이 중도입니다. 처음부터 끝까지 자세부터 시작해서 경험 대상까지 중도로 일관해서 계속 나가는 것이 공부입니다.

한 가지 덧붙이자면 여러분이 앞으로 참선할 때는, 입정入定하기 전에 한 5분이라도 자비관을 염하라는 부탁을 꼭 드립니다. 자비관은 산냐의 논리와는 아무 관계가 없기 때문에 주관이 안 생깁니다. 산냐 놀음을 병행시키지만 않으면 아무리 오래 해도 해가 없어요. 때가 끼질 않는다는 말입니다. 때가 끼면 있는 그대로를 못 보고 색 안경을 끼고 보게 되는 셈입니다. 그러니 자비관을 염하는 것도 중도로 보기 위한 훈련입니다.

# 왜 호흡을 관하는가?

부처님은 〈염처경〉을 비롯해 〈염신경〉, 〈입출식념경〉 등 중요한 경에서 '바아와나*bhāvanā*'라는 실질적 수행법에 대해 다음과 같이 말씀하십니다. "고요한 장소에 가서 결가부좌를 하고 앉아라. 허리를 꼿꼿이 세우고 염念을 앞에 두고 신身을 수관隨觀하라" 신을 '수관하라'는 것은 몸을 '아누빳시*anupassī* 하라'는 말의 번역입니다. 아누빳시는 '바짝 다가가서 눈여겨 본다'는 뜻입니다. 놓치지 않고 줄기차게 따라 붙으면서 잠시 도 한눈팔지 않고 지켜본다는 겁니다.

그런데 지켜보는 대상을 하나로 말할 때는 신身, 즉 몸을 지정합니다. 더 부연할 때는 네 가지를 말합니다. 그 네 가지는 신·수·심·법身受心法입니다. 그 대상을 어떻게 지정하든 간에, 요는 '항상 정신을 차리기 위해서 노력하라'는 겁니다.

정신을 차리기 위해서는 깨끗하고 조용한 장소에서 단정 한 자세로 바르게 앉아야 합니다. 이렇게 앉으면 호흡이 고르 게 되면서 제대로 자리 잡힙니다. 그래서 '신념身念'이라고 하지만, 내용적으로는 '신념'이 바로 '호흡념' 즉 '호흡관'이 되는 것이지요. 보통 '수식관'이라고 합니다.

'수식관'이라 하면 따를 수隨 자를 쓸 때도 있고 셀 수數 자를 쓸 때도 있어요. 셀 수數 자를 쓸 때는 숨을 들이쉬고 내쉬면서 수를 세며 정신 집중을 하는 호흡법의 한 방법을 말하지요. 따를 수隨 자를 쓸 때는 '식息, 즉 호흡을 따라다니면서 관하라, 즉 수관隨觀하라'라는 말입니다.

앞서 '온몸을 경험하면서 들이쉬리라. 온몸을 경험하면서 내쉬리라'고 했습니다. 그렇다면 우리는 하필이면 왜 호흡을 관해야 할까요?

사실 호흡과 몸과 마음은 하나이기 때문입니다. 하나라는 말은 기능면에서 서로 연관된 불가분의 관계, 불가분리의 관계에 있다는 뜻입니다. 우리는 호흡을 통제해서 몸을 통제할 수 있고, 몸이 건전한 자세로 있게 되면 마음도 건전해집니다. 결국 호흡을 통제해서 마음을 통제할 수 있고, 마음이 통제되면 몸도 통제됩니다. 그런 뜻으로 이 셋은 불가분의 관계라는 것입니다.

몸과 마음은 바로 다스리기가 상당히 어렵지만, 호흡은 바로 다스릴 수 있습니다. 그래서 호흡을 통해서 몸과 마음을 관리하려는 것입니다. 이 세 가지를 일체화시켜서 관리, 조정, 제어된 상태에 두려고 노력하는 것이 실질적인 수행입니다.

# 호흡으로 가라앉힌다

조금 전 수행이라는 말을 썼습니다. 그런데 '수행', 이 말은 공부라는 말이나 마찬가지로 참으로 무겁고 어렵습니다. '수행, 수행' 하다 보면 나중에는 수행 노이로제에 걸려요. 그래서 수행은 점점 어려워지고, '나는 그런 것 못 할 것 같아.' 이렇게 되지요. 그것은 식識이 명색名色에 대해서 벌이는 또 하나의 놀음이에요. 식 놀음을 바로 보고 거기서 빨리 벗어나야 합니다.

명名이 무엇인가? 명은 신기루입니다. 부처님이 오온 중 상想을 신기루라 하셨는데 상뿐만 아니라 수受 *vedanā*·상想 *saññā*·사思 *cetanā*·촉觸 *phassa*·작의作意 *manasikāra*를 가리키는 명名 *nāma*, 즉 일체의 이름이 신기루입니다. '수행'이라는 말도 또 하나의 이름인 것입니다. 이름을 반복하다 보면 거기에 개념이 붙고, 그 개념에 사로잡히다 보면 점점 어려워집니다. 시험을 앞둔 고3 학생들이 시험 노이로제에 걸린 것과 똑같지요. 그것이 다 명색 놀음에 빠진 겁니다. 그 타성에서 벗어나지 못하면, 명名에 수受·애愛·취取가 더 긴밀하고 빠르게 진행되어

유有 becoming를 빚어낸다는 사실입니다. 이것이 반복되면 마침내는 뭔가가 있는 것처럼 되어 버리고, 영락없이 또 다른 윤회라는 쇠사슬의 고리에 매여 생사를 되풀이하게 됩니다.

그렇기 때문에 '수행을 신화화하거나 절대 영약으로 만들거나 하지 말라! 맹목적 무지에 의해서 되풀이되는 이름[名]의 습관적 확대 재생산 과정을 중단하라!'는 겁니다.

공부란 뭐냐? 명색으로 구분해서 무엇이든 찢어발기는 분별의 나락에 빠진 삶을 좀 더 집중적으로 파악하고 하나로 뭉쳐 이해하고 나서 마침내 그것을 던져버리도록 노력하는 게 공부입니다. 부처님이 하시는 말씀이 그 뜻일 것입니다.

그러니까 '어떻게 해서든지 십이연기의 순順과정을 중단시키도록 노력하라, 그게 수의 단계든, 애의 단계든 취의 단계든, 거기에 마음이 갈 때 그 마음을 붙잡아라, 그리고 그 다음 단계로 넘어가지 못하게 하라, 붙잡아서 그놈을 딱 들여다봐라, 들여다보면 사라진다.' 이 말입니다. 그놈이 바로 신기루이기 때문입니다.

어떤 절박한 상황도, 심지어 내 몸의 병까지도 신기루입니다. 엄밀한 의미에서 업業이라는 것이 신기루 아닙니까. 업이라는 게 '의도적 행위'가 되풀이되는 과정에서 붙은 탄력이지 달리 무엇입니까? 그게 병도 되고 운명도 되고 팔자도 되고, 인생살이를 좌우하는 요소가 되는 것이지요. 따라서 촉觸·수受·

애愛·취取를 어느 시점에서든 붙잡고 들여다 봐라. 나쁜 놈이 제멋대로 놀아나도록 놓아두지 말고 그놈을 꽉 붙잡아 꼼짝 못하게 하란 말입니다. 그러려면 정신을 바짝 차려야 하는데, 정신을 바짝 차리려면 어떻게 해야 하느냐? 몸을 반듯하게 바른 자세로 제어하라. 결가부좌가 왜 좋은가 하면, 오래 앉을 수 있는 가장 이상적 자세이기 때문입니다. 결가부좌를 하면 자연히 허리가 곧추서게 됩니다. 이 자세가 되어야 호흡이 정상적이고 길어져 안정됩니다.

물론 '꼭 그래야 한다. 안 하면 안 된다'는 뜻은 아닙니다. 하면 이익이고 안 하면 그만큼 손해일 뿐이지요. 그러니 강박적으로 받아들일 게 아니라 '하면 이익이 된다더라, 짧은 인생에 이왕이면 빨리 이익을 보자' 하고 받아들이는 것이 좋습니다. 돈 몇 푼에 생명도 바치는 시대가 아닙니까. 돈과는 비교할 수 없는 이 수행의 중요한 의미를 찾기 위해서 앉는 겁니다.

우리는 지금 그 의미를 찾으려고 하는 겁니다. 그래서 호흡부터 제대로 장악하고 몸의 자세도 제대로 익혀서 오래 일심을 유지하려는 겁니다. 정법正法을 갖추려고 하면 정좌를 해야 하고, 정좌를 하면 마음도 자연히 안정되고 고요해지지요. 고요야말로 불교에 들어가는 기본입니다. 마음이 고요해야 인생이 고요해지고, 인생이 고요해야 금생에 향상을 이룰 수 있습니다.

여러분은 '뭐, 이 바쁜 세상에 언제 고요할 틈이 있나'라고 하겠지만, 그것 또한 명색에 속은 것입니다. 바쁜 세상은 없습니다. 바쁜 체 시늉을 하고 있을 뿐입니다. 그것이 명색입니다. 명색 놀음을 놓고 식識이 '바쁘니 어쩌니' 하고 있는 겁니다. 바쁘다는 것은 사실 근거도 없이 습관적으로 하는 말입니다.

그러니 여러분은 지하철을 타고 앉았건 집에서 변기에 앉아 있건, 어떤 상황에서도 고요한 자세를 취하라는 것이지요. 길을 걸으면서도 고요하도록 노력하고, 일을 하면서도 고요하도록 노력하라는 겁니다. 정념, 바른 마음챙김을 갖추라는 것은 쉽게 말하자면 고요해져야 한다는 뜻입니다. 고요해지려면 정신을 차려야 합니다. 정신을 차리고 보면 우리가 불필요한 여러 일에 정신을 팔아 마음이 분주하고 들떠 있음을 알 수 있습니다. 스스로 일을 만들어서 거기에 매여 헐떡거리면서 '팔자가 어떠니, 세상이 어떠니' 하고 있는 자기 자신이 보입니다. 고요해야 그게 보인다는 겁니다.

라디오를 들으면서 책을 보고, 게다가 발을 굴리면서 음악에 장단까지 맞춘다면, 그 사람이 어떻게 고요해질 수 있겠어요. 물론 자기들은 '집중하고 있다'고 해요. 그러나 그것은 습관성 집중이겠지요. '참 집중'은 고요해져야 가능합니다. 고요하려면 어떻게 할까요. 방법은 딱 하나, 호흡을 고요히 가다듬는 것, 바로 그것입니다.

# 잡념은 어떻게 묶는가?

호흡을 고요히 가다듬고 앉아 있어도 잡념이 들지요. 잡념이 당연히 들지요. 우리는 망상 덩어리니까요. 식識이라는 놈은 잡념도 들게 하고 지켜보기도 하는데, 이 식은 한 순간에 한 가지밖에 못 합니다. 그냥 막연하게 '잡념이 들어오는 게' 아닙니다. 식은 한 찰나에 생겨났다가 다음 찰나에는 망상으로 외출을 나갑니다. 수시로 왔다 갔다 하는 것이지요.

보통은 식이 저쪽 바깥에 가서 노는 게 여태까지의 습쩹입니다. 우리 중생이 그동안 해온 짓은 저기에 가서 노는 것입니다. 철부지 어린애를 꿇어앉힌 것과 똑같아요. 어린애는 어떻게든 엄마 몰래 밖에 나가서 놀고 싶어 합니다. 그것을 부처님은 '길들지 않은 야생 코끼리가 숲속에 가서 놀고 싶은 것과 똑같다'고 비유하셨어요.

야생 코끼리를 붙잡아다 마당으로 데리고 와서 길을 들여요. 왕이 전쟁 때 타고 나가는 코끼리로 길들이기 위해서지요. 말뚝을 박아 놓고는 이놈을 붙잡아다가 말뚝에 끈으로 묶어서 도망가지 못하게 합니다. 그러고 나선 먹이기도 하고 굶기기도 하고 매질도 하면서 길들여나가요. 그런데 코끼리가 원체 힘이 세서 툭하면 묶은 끈을 끊고 도망가 버려요. 그러면 어떻게 해야 하지요? 코끼리가 도망갔으니까 포기하고 앉아 있나요? 전쟁은 언제 터질지 모르고, 왕은 빨리 전투용 코끼리로 만들라고 하는데, 어떻게 해야 할까요? 쫓아가서 다시 붙잡아 와야지요. 그 길밖에 없지요. 우리의 마음도 망상으로 나갔으면 다시 잡아오는 겁니다. 그것을 '챙긴다'라고 합니다. 쫓아가 잡아와서는 다시 묶어요. '염처念處'라는 말뚝에다가 '사띠'라는 끈으로 묶어요. 호흡은 염처 중 하나입니다. 그래서 호흡을 관하는 것입니다.

호흡에 묶어놓아도, 끈은 약해서 코끼리는 툭 끊고 나가버려요. 하루에 열 번, 백 번, 천 번, 만 번, 십만 번이라도 나가지요. 나갔다 하면 챙겨 와야 합니다. 그런데 코끼리 길들이는 자도 아직 정신을 제대로 차리지 못한 형편인지라, 코끼리가 나간 지 한참이 지나도 나간 줄도 몰라요. 모르고 있다가 한참 후에야 '어, 나갔네' 하면서 챙기지요. 어떤 때는 하루 종일 놓치고 있다가 겨우 한 번 챙길까 말까 합니다.

그것은 코끼리 잘못이 아닙니다. 코끼리가 금방 내 말 들어주는 법은 없지요. 코끼리에게 아무리 사정해도 안 되고 굶겨도 안 돼요. 힘이 세거든요. 힘이 세니까 길들이는 것이지,

힘없는 놈 같으면 전쟁터에 데리고 갈 수 있겠어요? 힘이 세니까 길들일 만한데, 그렇게 힘이 세니까 자꾸 끊고 나가요. 그러나 하루에 한 번이라도 챙기면 챙기지 않던 과거와는 사정이 달라집니다.

하루에 한 번, 두 번 챙기면 나중에는 다섯 번, 열 번, 백 번 챙기게 돼요. 그렇게 계속 챙겨서 하루에 천 번 챙긴다면 하루에 한 번 챙기는 것과는 완전히 달라집니다. 금방 알아차리게 되지요. 나갔다는 것을 금방 알아차리니까 금방 잡아오지요. 금방금방 잡아오면 마침내는 이놈도 '아, 지독한 주인이다' 하고는 포기하고 체념합니다. 체념이 되니까 순하게 길들여져요. 이제는 화살이 날아와도 도망가지 않는 연습을 할 수 있어요. 그렇게 길들이는 겁니다. 천 번, 만 번이라도 챙기는 겁니다.

팔정도 중에서 '항상'이라는 말이 붙는 단어는 정념正念, 바른 마음챙김밖에 없습니다. 다른 것들은 말해야 할 때 바른 말 하면 되고, 생각해야 할 때 바른 생각을 하면 되는데, '항상 뭔가를 유지하라'는 부처님의 간곡한 말씀은 단지 정념에 대해서뿐입니다. 사다 사또sadā sato. 항상 염을 유지하라. 잠시도 염을 놓치지 않도록 노력하라. 이렇게 강조하고 계십니다.

바른 마음챙김, 정념은 중도심입니다. 이 정념이 바로 중도와 가장 계합契合되는 것입니다. 예컨대 거짓말을 하지 않는 데는 타협도 중용도 없지요. 몸가짐에서도 적당한 타협은 없습니다. 그래서 거기에는 '중中'이라는 말이 반드시 필요하지는 않습니다. 그런데 이제 정진을 통해서 해탈하겠다고 애를 쓰다 보면 마음이 급해지고, 조바심치게 되고, 발을 뻗고 울게도 되고, 더 극단적인 고행을 해야겠다 생각하고 밤을 새우며 용맹정진하고……. 이렇게 되어버립니다. 이럴 때 필요한 것이 가운데 '중'입니다.

중도를 벗어나지 않고, 즉 팔정도에서 벗어나지 않은 채로 너무 조급하게 서둘다가 돌부리에 채여 넘어지지 않고, 반대로 만만디 거북이걸음으로 허송세월 하지도 않는 것, 그것이 정념입니다. 경전《상응부》의 제일 첫 경에 보면 어떤 천신이 내려와서 부처님에게 물어요. '그 험난한 흐름을 어떻게 건넜습니까?' 부처님은 대답하십니다. '나는 급하게 서두르지도 않고 느리게 지척거리지도 않았기에 건널 수 있었다.' 그렇게 정념은 항상 하되, 급하지도 느리지도 않게 하는 것입니다.

# 절망 마시오

만일 여러분이 24시간 중에 18시간을 이렇게 노력할 수 있다면 여러분은 이미 성자입니다. 그만큼 어렵다는 뜻입니다. 그저 5분만 지속해도 참 장합니다. 5분, 10분 하다가 잘 안 된다고 절망하지 마십시오. 단 몇 분이라도 한다는 그게 굉장한 것입니다.

그렇게 꾸준히 해나가면 챙김의 지속 시간이 자꾸 길어질 뿐만 아니라, 마침내 생활 태도와 마음 자체가 차분해지고 여유로워집니다. 여유를 갖고 가다듬다 보면 생활에서 불필요한 잡동사니를 많이 제거해낼 수 있고 쓸데없는 짐을 많이 벗어버릴 수 있고 안정된 시간을 오롯이 누릴 수 있어요. 그리 긴 시간이 필요한 것은 아니지요. 하루 저녁만이라도 한 번 앉아보십시오.

물론 힘들지요. 얼마나 힘든지 모릅니다. 처음에는 매우 힘들어요. 하지만 절망하지 마십시오. 인간은 절망하기에는 너무나 위대한 존재입니다.

자기를 들여다보면 정말 보잘것없고 세상에 나쁜 것, 약한 것들은 다 나한테 모인 것 같지요. 겉은 멀쩡해도 인간은 대개 열등감을 안고 씨름하는 존재입니다. 사춘기 때부터 열등감에서 벗어나지 못한 채 죽는 날까지 살고 있다고요. 법을 만나지 못한 탓입니다. 우리는 법을 만나면서 사춘기의 열등감에서 벗어나 제2의 탄생을 하는 겁니다.

남은 다 잘하는 것 같은데 여기 못생긴 이놈만 공부도 못하고, 나쁜 생각과 나쁜 버릇 덩어리라는 생각이 인간을 비참하게 만드는 겁니다. 그것을 극복하지 못하고 엉거주춤 눌어붙어 적당히 타협하면서 살고 있어요. 그러니 결혼해서 자식을 낳고 어른이 되어서도 열등감에서 못 벗어나요.

과감하게, 법을 만나서 새롭게 태어나야 합니다. 열등감이란 아무 의미도 근거도 없는 것입니다. '학생 때 성적이 좋아서 우월감을 느꼈다, 성적이 나빠서 열등감을 느꼈다.'이게 근거가 되는 말인가요? 시험제도 탓이지 열등감 느낄 이유가 못 돼요. 있는 그대로 보면 시험은 시험이고, 답안을 몰라서 못 쓴 것도 그냥 그뿐이지 그것이 열등감이 되어야 할 이유가 아닙니다. 인간이 이렇듯 비참하지만 실상 비참할 이유는 아무것도 없습니다. 열등감을 가르치고 만드는 교육제도 속에서 멍이 들었을 뿐이지요.

법 왕궁에 와서는 그런 것을 다 씻어내야 합니다. 그러려면 '나에게 열등감이 있구나. 열등감의 근원이 무엇인가'라고 있는 그대로 분석해야 해요. 그게 바로 정정진正精進, 바른 노력입니다. 이 열등감이 어디에서 비롯되었나? 아버지 재산이 없다는 데서 비롯되었다, 입학시험 낙방에서 비롯되었다, 친구와의 용모 비교에서 비롯되었다 등등 별의별 원인들이 있을 겁니다. 하지만 우월감, 열등감 모두가 분석을 해보면 근거가 없어요. 폐기해야 합니다. 그것이 정정진입니다.

정정진을 제대로 하려면 더 깊이 들어가야 하는데, 잘 안 들어가지지요. 그래서 사띠 훈련을 하는 것입니다. 사띠 훈련을 통해 여간해서는 마음이 흔들리지 않고 꿈쩍도 하지 않고 그대로 지켜볼 수 있는 배짱과 뱃심, 태연함과 무관심에 도달합니다. 그것을 '우뻬카upekkhā', 즉 평온심 혹은 평정심이라고 합니다. 평온심은 칠각지 중에서 최상승입니다. 좋든 나쁘든, 어떤 상태든 조금도 영향을 받지 않고 태연하게 볼 수 있는 뱃심과 여유를 '우뻬카'라 해서 불교 수행의 최상의 요소로 취급합니다. 우리는 참선 수행을 통해서 우뻬카를 키워나가자는 겁니다.

마침내 내 자신의 열등감과 우월감의 요소들을 모두 다 편안하게 있는 그대로 집요하게 끝까지 그 뿌리까지 지켜보면서 쓱쓱 걷어내고 앉아 있을 때, 그때 우리 공부가 잘되는 겁니다. 그렇게 보면 열등감이 하나도 없는 사람은 공부도 못 해요. 열등감이 하나도 없다? 그건 바보지요. 열등감이 있으니까 그놈을 상대로 캐내기도 하고 씨름도 하다 보니 마침내 여러 자질의 향상을 성취하게 되는 겁니다. 중생이 못났으니까 향상을 하는 거지요. 다 이루어지고 갖추어져 있다면 뭣 하러 더 향상하려 하겠습니까?

# 4장
# 참선과 팔정도

제가 인도에 갔을 때 어떤 스님을 만났더니 이런 질문을 합니다. "한국에서도 선정 공부를 하느냐?"고요. 말하자면 한국에는 염불이나 하고 극락왕생이나 비는 식의 불교밖에 더 있겠느냐 하는 선입견을 가지고 있는 거예요. 그래서 "우리나라에도 스님들이 독신 생활을 하고 참선이라는 공부를 한다."라고 했더니 그 스님은 좀 의외라는 표정을 짓습디다.

　한국 불교의 기본 맥인 조계종에서는 으레 승려들은 공부를 해야 하고, 공부를 안 하는 승려는 승려로 대접도 하지 않으려는 경향이 오래전부터 자리 잡혀 있습니다. 절에서는 으레 공부를 하고, 공부라 하면 참선이라고 알고들 있습니다. 그 전통은 참 귀중한 겁니다. 세계적으로 볼 때 그렇게까지 수행을 중요시하는 기풍이 자리 잡혀 있는 나라는 오히려 적습니다.

# '어떻게'보다는 '무엇을 왜'

우리나라 절집 사정을 보면 '공부를 한다, 참선參禪을 한
다, 정신을 모은다' 하는 이야기들은 모두 합니다만, '어떻게
하면 잘 되느냐, 공부를 어떻게 해야 하느냐' 하는 문제에 관심
이 집중되는 경향이 있습니다. 그런데 '어떻게 하느냐'보다 더
중요한 것이 있습니다.

우리가 더 중요하게 생각하고 물어야 할 질문은 '참선은
무엇이며, 왜 해야 하느냐'입니다. '참선이 무엇이기에 무슨 이
유로 해야 하는가?' 이 물음이 밝혀지면 '어떻게 해야 하느냐'
의 문제는 순리적으로 풀려나갈 사안입니다. '무엇이고, 왜 해
야 하느냐'에 대해서는 여러분 나름대로 알고 계시리라 믿습
니다만, 이 자리에서는 근본불교의 관점에서 말씀드리고자 합
니다.

우리는 앞서 참선을 한 시간 동안 해보았습니다. 보통 '참
선, 참선'하니까 저도 참선이라는 말을 씁니다만, 이런 경우를
보다 정확하게 표현하면 '참정參定'이라고 하는 게 맞겠습니다.

선禪과 정定이 꼭 같지만은 않다는 것은 〈고요한소리〉에서 발간한 책을 읽어본 분들은 대개 짐작하실 겁니다. 그러나 그게 오늘 이야기의 핵심은 아니니까, '참선을 왜 하느냐'에 초점을 맞춰 근본불교의 관점에서 말씀드리겠습니다.

# 참선, 법 공부의 일환

　우리가 말하는 참선에 가까운 것은 근본불교에서는 바른 마음챙김, 정념正念입니다. 삼마아사띠*sammāsati*지요. 여러분은 사띠*sati*라고 하면 '사띠가 무엇인가'만 생각하지, '사띠가 어떤 맥락에서 말씀된 것인지'는 별로 생각해보지 않았을 겁니다. 사띠는 깊고 넓은 고찰을 필요로 하는 대단히 중요한 핵심 용어이므로 언제가 되든 반드시 검토해 보기로 하고 오늘은 팔정도의 체계에 대해서 이야기를 모으기로 하겠습니다. 〈초전법륜경*Dhammacakkapavattana suttaṃ*〉이라는 경이 있습니다. 부처님이 깨달으시고 다섯 비구를 대상으로 하여 녹야원에서 설하신 최초의 법문을 담은 경입니다. 이 경이 불교의 출발점이자 기초입니다.

　〈초전법륜경初轉法輪經〉에서 부처님은 먼저 중도中道를 말씀하시고 팔정도八正道를 말씀하시고, 다시 중도를 말씀하시고 사성제四聖諦를 말씀하셨습니다. 이것이 부처님 최초의 법法 *Dhamma* 선포입니다. 이것을 '초전법륜'이라 하면서 불교에서는 대단히 중요시합니다. 그래서 이 경이 설해진 녹야원이 불교 사대 성지 중 하나입니다.

부처님이 한 인간으로서 삶을 시작하신 곳이 룸비니이고, 부처의 생활을 시작하신 곳이 부다가야이며, 그 다음 초전법륜으로 법의 시대를 연 곳이 녹야원(사르나트)이고, 완전한 열반을 시현한 곳이 쿠시나가라입니다. 이들 사대 성지는 그냥 '부처님이 여기서 나셨다, 여기서 돌아가셨다'는 뜻에 그치지 않습니다. 그런 것이 무슨 의미가 있겠어요? 부처님 생애 가운데 가장 중요한 사건이 일어난 곳이기에 사대 성지이며 뜻깊은 곳이지요.

당신이 태어나서 인간 생활을 시작한 곳 룸비니, 진리를 깨달아 부처가 되신 곳 부다가야, 법을 설하고 그 법을 듣는 제자들이 생겨서 불·법·승佛法僧 삼보三寶가 마침내 구족된 곳 녹야원, 그리고 삼보의 이상인 열반, 무여의열반無餘依涅槃을 이루신 곳 쿠시나가라, 이렇게 각기 깊은 의미를 지녔기에 사대 성지로 꼽히는 것이지요. 부처님이 깨닫고 난 후 인간으로 사신 생활은 유여의열반有餘依涅槃이라 하는데, 아직까지 찌꺼기가 좀 남아 있다는 뜻으로 유여의입니다. 무엇이 남아 있느냐? 식識과 신身이 남아 있는 거예요. 그것마저 완전히 사라져 완벽한 열반을 구현한 것은 인류 역사상 쿠시나가라에서 부처님의 열반이 최초입니다. 열반이 관념상으로가 아니라 인류의 삶에서 실제로 실현된 것은 그곳이 최초입니다.

그 중에서도 우리에게 가장 뜻깊고 직접 연관되는 것은 녹야원에서 법을 설하셔서 삼보가 완성되었다는 사건입니다. 부처님이 아무리 깨달으셨더라도 법을 설하지 않으셨다면 우리는 부처님이 계셨는지도 알지 못할 겁니다. 법을 설하든 설하지 않든 부처님 당신에게는 별로 중요하지 않을 수도 있지만, 우리에게는 법을 설하셔서 석가모니 법의 시대를 열었기 때문에 중요한 것입니다. 법의 바퀴를 최초로 돌리신 일, 그래서 '초전법륜'이라 불리는 이것이 불교에서는 최대의 사건입니다.

〈초전법륜경〉의 핵심은 중도를 설하시고 팔정도를 설하시고, 다시 또 중도를 설하시고 사성제를 설하셨다는 것입니다. 그 후 설하신 다른 여러 법문은 이 핵심의 부연 설명입니다. 불교 역사라는 것도 〈초전법륜경〉을 나름대로 이해하고 실천하려는 노력의 흐름에 지나지 않는다고 할 수도 있겠습니다.

그런 입장에서 우리가 오늘 여기 모여서 무엇을 하고자 하는지를 돌아보아야 할 것입니다. '참선을 한다'는 것이 신통한 기법 하나를 몸에 익히려는 것인가? 만일 그렇게 생각한다면 여러분은 헛 그림자를 좇고 있는 것입니다. 우리가 참선을 잠시 해본다거나, 경을 하나 읽는다거나, 또는 절에 가서 부처님 앞에서 절을 하는 것은 다 나름대로의 의미가 있어야 할 것입니다. 그것은 모두 법을 이해하고 실천하려는 노력의 일환이어야 합니다.

부처님과 법을 올바로 이해하지 않는다면 그 사람은 한낱 테크니션밖에 안 될 겁니다. 어떤 테크닉을 익히겠다고 의도하고 노력하는 저변에는 뭔가 사사로운 욕망이 있겠지요. 그것을 해서 도인이 되고 싶다든지, 성불을 하고 싶다든지 이런 건 다 욕심이지요. 대승 불교에 의하면 그런 욕심도 한 방편이 될 수 있겠지요. 중생은 욕심 덩어리니까 욕심을 부추겨서라도 공부를 해보도록 하는 방편은 되겠습니다만, 여기 모이신 분들은 구태여 그런 방편에 의지하지 않아도 부처님 법을 정직하게 맞닥뜨릴 수 있기를 바랍니다. 그렇게 전제하고 보았을 때 팔정도 가운데 바른 마음챙김, 삼마아사띠*sammāsati*에 대한 바른 이해는 절실하고 대단히 중요한 일입니다.

# 욕심에 속는 길

　참선을 하는 데는 왜 바른 마음챙김[正念]에 대한 이해가
절실한가? 테크닉을 얻을 요량이나 욕심으로 하다 보면, 하면
할수록 더 무서운 욕심쟁이가 되어가는 것이 일반적 현상입니
다. 그 결과 정법正法의 정체가 사라지고, 그래서 삼보도 사라
지고, 욕심만이 남습니다. 공부 좀 하면 교주 흉내나 내곤 합니
다. 교주는 욕심의 적나라한 모습이지요. 부처님은 교주가 아
니셨고 불교 역시 교주를 맹목적으로 추종하는 종교가 아닙니
다. 따지고 보면 교주보다 더한 욕심쟁이들이 또 어디 있습니
까? 그 사람들 욕심의 끝이 있습디까?
　욕심의 모습은 참 묘합니다. 왜 욕심쟁이가 되느냐? 그분
들이 처음부터 욕심쟁이가 되려고 그렇게 된 건 아니고, 처음
에는 참 좋고 높은 뜻을 가졌을 겁니다. 하다 보니까 본의 아니
게 그렇게 흘러간 거지요. 그렇게 흘러갈 수밖에 없었을 겁니
다. 하지만 '처음에는 좋은 뜻을 가졌다, 원래 의도가 그것이
아니었다'는 변명이 통하겠습니까? 수행이라는 게 처음부터

올바른 맥을 찾지 못하면 전혀 엉뚱한 길로 가게 되어 있습니다.

우리가 좋은 뜻을 가졌다면 그 뜻에 걸맞게 점진적인 노력을 해야 합니다. 어떤 게 바른 노력이냐? '밤잠 안 자고 앉아서 허리 아픈 것을 참아냈다, 졸음을 참아 견뎌냈다' 참 좋은 노력입니다. 그러나 그것도 일종의 매너리즘에 그칠 위험이 있습니다. 어떤 면에서는 그 타성적인 노력에 빠지지 않도록, 그런 매너리즘에 떨어지지 않도록 자신을 끊임없이 책려策勵하는 노력이 반드시 병행되어야 할 것입니다.

참선을 지도하는 분들의 말씀이 다 좋고 일리가 있습니다. 하지만 구슬이 서 말이라도 꿰어야 하듯이 그 좋은 말씀들도 따로 따로 떼어서 새기고 있으면 진정으로 좋은 말씀이 못 됩니다. 오히려 우리를 구속하는 스트레스의 원인이 되기 십상이지요.

여러분들 중에는 공부 생각만 해도 스트레스 받는 분도 계실 거예요. '아이고, 허리 아파, 그걸 어떻게 하나' 하고 미리 겁을 먹거나, 억지로 하면서 마음에 스트레스를 쌓아갑니다. 하지만 그때만 해도 진지합니다. 그러다가 어느 순간부터는 '아이고, 이만 하면 됐지, 이만 하면 제법 터가 잡혔어' 하는 식으로 자신에게 속아 들어가는 과정에 빠지기 쉬워요. 그래서 공부가 어렵습니다.

사실 공부를 지어가다 보면 여러 가지 경계가 오고, 여러 현상이 나타나기도 합니다. 무슨 힘이 생겼다든지 뭐가 보였다든지 하면서 한참 속다 보면 마침내는 '내가 보았다'거나 혹은 남들이 '그 사람 한 소식 했다더라' 식이 됩니다. 하지만 나중에 돌아보면 그게 속은 겁니다. 그럴 때 '아, 내가 본 것은 아무것도 아니었다, 얻었다는 생각은 속은 것이다, 그것은 마장魔障이었다'라고 인정하고 다시 첫걸음으로 돌아갈 수 있는 사람이라면 진정 용기 있는 참 공부인입니다.

그런데 이제 힘이 떨어졌어, 더 이상 어떻게 해볼 엄두도 안 나, 남들은 나를 '한 소식 한 큰스님'으로 바라보는데, 그 앞에서 '아무것도 아니었다'라고 말할 용기도 없어, 그러다 보면 자기도 속고 남도 속이게 됩니다. 법은 엄정한 것이어서 그렇게 속이게 되면 급전직하急轉直下 마魔의 굴로 떨어집니다. 추호도 사사로움이 용납되지 않는 것이 법이거든요.

제가 왜 이런 말씀부터 드리느냐 하면, 그렇게 되는 분들을 옆에서 더러 보았기 때문입니다. 그분들이 처음부터 그렇게 하려고 해서 그렇게 된 분들이 아닙니다. 나름대로 진지하고 진솔한 마음으로 공부를 시작했는데 결과가 그렇게 되었다는 데 문제가 있습니다.

그 같은 사정은 여러분들에게도 남의 일이 아닙니다. 지금 초발심 때는 좋습니다. 다리가 아파서 딴생각을 못 하니 망상의 여유가 없어요. 그때가 참 좋습니다. 나이 들면 천진난만하게 놀 때가 가장 그립듯이 공부도 그렇습니다. 정진精進에 조금 자리가 잡혀서 편안하게 앉아 있으면 그때부터 혼침昏沈이 오고, 혼침을 좀 극복하고 나면 무슨 경계가 요란하게 와서 계속 눈에 보입니다. 그러나 그것도 괜찮습니다.

다음에는 많은 망상 경계가 자신도 모르게 들어옵니다. 그 경계가 나타나는 그림은 사람마다 다릅니다. 결국은 전부 자기 마음의 모습입니다. 자기가 원래 가지고 있던 욕심이 어떤 경계의 모습으로 둔갑해서 나타나 우리를 홀리고 속이는 겁니다. 어디서 난데없이 온 게 아니지요. 힘을 구하는 사람에겐 힘이 오고, 어떤 특별한 모양의 경계를 구하는 사람에게는 그런 경계가 옵니다. 예를 들면 '부처를 친견하고 싶다' 하는 사람에게는 부처님이 보이고, '관세음보살을 친견하고 싶다' 하면 관세음보살이 나타나고, '세상을 뒤집어엎을 힘이 있었으면 좋겠다'는 사람에게는 그 힘과 비슷해 보이는 것이 나타납니다.

이 세상은 원래 전부가 에너지 덩어리지요. 그 엄청난 에너지 덩어리 속에서 사는 게 우리들입니다. 요즈음은 온 인류가 먹는 것, 입는 것을 늘리는 쪽으로 그야말로 용맹 정진하는 판이지요. 그렇게 노력하는데 안 오겠습니까? 힘도 옵니다. 힘 얻었다는 사람들 많습니다.

이렇게 볼 수 있어요. 지구의 오존층이 우리를 보호하니까 거기에 구멍이 뚫리면 지구 위에 사는 생명이 위험합니다. 그와 비슷하게 우리가 온갖 험악한 욕심으로 층층이 둘러싸여 있음에도 그 힘에 의해서 압도되거나 파멸되지 않는 것은 어떤 보호층이 하나 있기 때문입니다. 그런데 그 보호층이 뻥 뚫려서 저 바깥의 힘이 우리에게 맞바로 들어오면 바로 재난이 시작되는 겁니다.

이런 이야기는 너무 빠른 것일 수도 있습니다. 하지만 바른 길을 찾는 것이 그만큼 중요하기 때문에 초심자 때부터 방향을 잘 잡아야 한다는 겁니다. 어떤 힘을 얻는 것보다는 '바른 마음챙김[正念]이 무엇이며, 왜 바른 마음챙김을 하는가?' 하는 문제를 좀 더 진지하게 생각해주기를 바라는 마음에서 말씀드린 것입니다. 여러분이 힘을 얻지 못해서 동경이나 하고 안달하는 때가 훨씬 좋은 때이긴 합니다만 그런 줄만 아시고 이제 어떻게 정법正法을 따를까를 진중히 생각해주시기 바랍니다.

# 바른 마음챙김[正念], 따로 뗄 수 없다

　　법의 핵심은 결국 중도中道요, 팔정도八正道입니다. 그런데 부처님께서 팔정도를 역설하신 데에는 어떤 특별한 의미가 있을 겁니다. 팔정도는 사성제 중에서 도성제道聖諦에 해당합니다. 즉 우리가 걸어야 할 길입니다. 팔정도나 중도나 다 길 도道 자가 들어 있듯이 길을 의미합니다. 이 도를 도답게 실천하는 것이 법이니까, 염불을 하든 주력을 하든 참선을 하든 위빳사나를 하든, 어떤 형태의 공부를 하든 간에 결국은 팔정도를 걸어야 부처님 법에 맞는 실천이 됩니다.

　　여러분 오늘 참선을 한다고 불편한 자세로 허리를 곧게 세우고 쏟아지는 졸음과 싸우면서 노력했습니다. 그것을 공부라 하든, 수행이라 하든, 위빳사나라 하든 관계없어요. 여러분은 사실 팔정도를 하고 있어야 하는 겁니다. 그중에서도 오늘 우리가 생각해 보려는 것은 바른 마음챙김입니다. 특히 팔정도의 여섯 번째와 일곱 번째 항목인 바른 노력[正精進]과 바른 마음챙김을 해야 하는 겁니다.

바른 마음챙김, 정념은 대단히 중요한 개념이지만 팔정도를 떠나서 따로 바른 마음챙김이 있는 것이 아닙니다. 우리는 사띠를 따로 떼어내 독자적인 살림살이를 차리려 할 것이 아니라 팔정도의 일환으로서 해야 합니다. 그렇지 않으면 사띠 본래의 뜻도 찾지 못하고 부처님 이후의 일부 사람들이 범했던 실수를 되풀이하게 됩니다. 바른 마음챙김, 정념은 팔정도의 일환입니다. 바른 마음챙김 그 자체로 뭘 이룬다기보다 팔정도를 완성하기 위해서 있는 것입니다. 우리가 사띠를 닦는 것은 팔정도를 완성시키기 위한 방법으로서 하는 것입니다.

이 점을 우리 불자들이 등한히 하기 쉽습니다. 사띠만 따로 떼어내 열심히 하면 만사가 해결될 것이라는 낙관은 우리가 보통 가지고 있는 태도이고, 또 흔히들 그렇게 가르치고 있습니다. 참선 지상주의는 우리 한국에서는 공공연한 일입니다. '참선만 해라, 참선만 하면 다 된다, 참선 이상 없다' 하는 등 오래전부터 해오던 이야기입니다.

그런데 실제로는 팔정도의 일환으로서 바른 마음챙김, 삼마아사띠*sammāsati*를 하지 않는 한, 사띠의 본령을 알 수 없을 뿐 아니라 사띠를 제대로 할 수도 없습니다. 사띠가 여덟 가지 길의 하나여야 한다면 복잡하게 느끼실 수도 있습니다. 그런데 사물을 외양이나 언어, 즉 명색名色으로 대하면 여러 갈래 같고 복잡하고 어마어마한 것처럼 보이지만, 법으로서 보기 시작하

면 오히려 다양한 것도 한 곳으로 모여듭니다. 복잡다단한 것
도 한 갈래로 모여듭니다. 팔정도도 법으로서 보고 법으로서
실행해나가면 오히려 한 가닥에 이르게 됩니다.

# 에베레스트 등반과 참선

　　부처님은 왜 바른 마음챙김, 정념을 팔정도의 제일 앞에 두
지 않고 일곱 번째에 두셨을까? 이 문제를 생각해봅시다. 팔정
도의 순서는 그냥 단순한 나열인가? 순서를 깨도 되는 것인가?
좀 복잡하지요? 왜 그렇게 복잡하게 팔정도를 설하셨을까?

　　우리는 중생이라, 세상사 복잡한데 머리를 많이 쓰기 싫어
하지요. 그런데 왜 자비로운 부처님이 우리 입맛에 맞게 간단
명료하게, '앉아라, 이뭐꼬 찾아라, 그러면 성불한다' 하지 않
으셨을까? 그러면 부처님도 수고를 더시고 우리도 편안하고
좋을 텐데 말입니다. 그렇게 자비로운 분이 복잡하게 팔정도를
말씀하신 것은, 그렇게 하지 않으면 안 될 이유가 충분히 있기
때문입니다.

　　부처님이 설하시는 대상은 대부분 속인들이 아닙니다. 대
개 경에는, "비구들이여"라고 하시면서 비구를 상대로 법을 설
하십니다. 더욱이나 바른 마음챙김이니 팔정도니 하는 본격적
인 공부는 사실은 비구들에게 하는 법문입니다. 그런데 출가하

지 않은 사람들이 그 공부에 끼어든 겁니다.

'뭐 세상에 비구만 하란 법 어디 있나? 우리도 할 수 있다' '내가 처사고 보살이라고 못 할 것 있나?' 하고 사람들이 욕심을 낸 겁니다. 그래서 앞뒤 돌아보지도 않고 어마어마한 공부에 도전장을 던진 거예요. '그러면 어떻게 하는 건가? 이렇게 한다더라, 그럼 나도 그리 해야지' 그러다 보니까, 왜 그렇게 하며, 거기에는 어떠한 문제가 따르고 그 문제를 극복하기 위해서 어떻게 노력해야 하는가 하는 문제를 등한히 하는 겁니다.

에베레스트에 남이 다 올라가니까 덩달아 도전장을 던지고 오르는 겁니다. 준비도 제대로 하지 않고 에베레스트 끝까지 올라갈 수 있습니까? 그래서 도중에 엄청난 사고를 내고 심지어 조난을 당하고 합니다. 그런데 눈에 안 보이는 이 공부 길에서는 에베레스트보다 더 많은 조난자들이 속출하고 있어요. 우리가 에베레스트에 오르려면 여러 가지를 준비해야 합니다. 경험 있는 분들로부터 경험담을 듣기도 하고, 지도나 책을 사서 읽기도 하고, 필요한 장비도 갖추고, 무엇보다 등산 연습도 해야지요. 발을 튼튼히 하고 심장을 튼튼히 하고, 웬만한 위험에 부딪힐 때는 어떻게 대처하는지도 미리 다 훈련을 하고서야 에베레스트 등반을 시작합니다.

한번 물어봅시다. 에베레스트 오르는 것과 해탈·열반하는 것 중에 어느 것이 더 위대합니까? 그렇게 위대한 일에 도전하면서 준비는 게을리 하고 그냥 욕심만 가지고 달려든다면, 그 결과가 어떻게 되겠습니까? '하면 된다'는 것은 여러분을 발심시키기 위한 방편입니다. '에베레스트 좋다, 에베레스트 갈 생각을 해봐라, 이 세상에 태어나 에베레스트도 안 가보고 뭘 할 거냐?' 발심을 시킬 때 처음부터 겁주면 안 되니까 용기를 키워주느라고 듣기 좋은 말을 해줍니다. 그러나 일단 발심이 되어 정말 간절하게 해보겠다고 결심했을 때부터는, 등반에 따르는 귀찮고 싫은 일들도 다 생각해야 합니다. 그래야 모처럼 뜻을 낸 것이 성취될 수 있으니까요. 그런 측면에서 바른 마음챙김, 삼마아사띠가 왜 팔정도의 일곱 번째에 있으며, 그 앞에다 어떤 것들을 왜 두고 있는지 점검해야 합니다.

# 먼저, 등불을 빌린다

　　팔정도를 요약하면 계·정·혜戒定慧 삼학三學이라는 것은 여러분도 다 알고 계십니다. 바른 마음챙김[正念]은 그중에 정定에 해당되지요. 그러면 바른 말[正語], 바른 행위[正業], 바른 생계[正命], 그리고 바른 노력[正精進]의 일부인 계戒가 선행되어야하고, 다시 그 계를 비추어줄 불빛으로 바른 견해[正見], 바른 사유[正思]의 혜慧가 선행되어야 할 것이 분명합니다.

　　〈고요한소리〉에서 나온 《영원한 올챙이》에는 "바른 견해, 바른 사유가 혜는 혜인데, 최상의 혜는 아니고 가장 기초적인 혜다. 그렇지만 꼭 선행되어야 하는 혜다"라고 설명되어 있습니다. 그렇게 보면 계·정·혜 삼학 중에 '기초적인 혜가 제일 선행되고, 그다음 계가 이어진 후에야 온전한 정이 이루어질 수있다'는 것이 결국 팔정도의 골격입니다. 따라서 우리가 법을 법대로 받아들여 실천하려면, 혜-계-정의 순서로 닦아야 되겠다는 것입니다.

　　물론 여기서 혜는 우리가 깨달아 아는 혜가 아니라, 부처님으로부터 빌리는 혜입니다. 부처님이 법의 등을 밝혔으니까 우리는 그 법의 등불을 빌려서 쓰는 것이지요. 어둠 속에 있는 우리가 등을 만들어서 밝히는 것은 아니지요. 부처님이 나오시기 전에는 어디에도 등이 없었으니까, 어지럽게 혼란스러운 도깨비불만이 사람들을 현혹시켰습니다. 그때는 빛을 빌릴 수 없었습니다. 그러나 부처님이 나오셔서 법의 등을 밝힌 이상 이제 우리는 그 법의 등에 의지해서 나아갈 수 있게 된 것입니다. 바로 그것이 팔정도에서 혜慧, 즉 바른 견해[正見]와 바른 사유[正思]입니다.

팔정도의 혜는 우리가 깨달아서 밝은 지혜의 눈을 가지고 공부한다는 이야기가 아닙니다. 처음 공부 단계에서 바른 견해와 바른 사유의 혜는 부처님 법등을 빌려서 내 앞을 비추어 길을 짐작하여 나아간다는 뜻입니다. 부처님의 법등을 빌리기 위해서 우리가 경을 읽는 겁니다. 〈고요한소리〉가 역경을 하는 것도 그런 뜻 아니겠습니까. 부처님 법등의 빛을 빌려서 내 앞길을 환히 보면서 나아가기 위해서지요.

그러면 법등을 빌리는 수고는 마땅히 해야 하는 것인데, 우리 조계종이 정定에 치우치고 혜慧에 치우쳐 본격적인 수행 이야기를 성급하게 하다 보니까 '먼저 책을 덮어라' 하는 말부터 접하게 되는 거지요. 법의 등을 빌려서 내 앞을 바라보기도 전에, 법등을 외면해 버릴 위험성을 키우고 있다, 이 말입니다.

물론 사정이 이렇게 된 데에는 선종禪宗이 탄생하던 시절의 환경 탓도 있겠지요. 당시에는 교학이 극성해서 자칫하면 수행이 교학 공부로 시종하고 말 위험이 없지 않았으니까요. 그러나 지금 우리가 처한 상황은 그 시절 그곳과는 완전히 다르지요. 따라서 우리는 책을 덮을 것이 아니라 펼쳐야 됩니다. 그래서 그 빌린 불 빛 따라 나아가서 마침내 어느 정도 진전이 이루어져 나의 빛이 나오기 시작할 때면 그 빌린 법등의 농도도 새로워지겠지요. 그러나 지금 캄캄칠야에 앞이 어디인지, 어디 서 있는지도 모르는 판에 부처님이 모처럼 법등을 훤히 비추어 주시는데 그걸 가리고 막아버린다면 어떻게 되겠습니까? 부처님 나오시나 마나지요. 부처님 나오시기 이전 시대로 스스로 제 발로 돌아가는 꼴밖에 안 된다, 이 말입니다.

우리가 바른 마음챙김, 삼마아사띠 공부를 하려고 한다면 적어도 부처님으로부터 바른 견해, 바른 사유를 반드시 빌려야 한다는 겁니다. 부처님이 권하신 것이니까 그것은 빌리자는 말입니다. 부처님이 45년간 그렇게 열심히 법을 설하신 것도 그 때문이니까요. 우리가 그 설법에 귀를 기울이는 것은 부처님께 모든 걸 의존하겠다는 게 아니라 그 법의 등불을 빌리자는 것입니다. 지금은 직접 듣지 못하니 경을 통해서 듣는 것 아닙니까. 그건 들어야 합니다. 그래서 지금 우리가 공부하려면 뭘 하며 어떻게 해야 이로운지 알아야 합니다.

이 세상이 어떻게 되어 있고 '나'라는 존재가 그중에 어디에 처해 있는지, 그리고 무엇 때문에 몸을 받아 살아가고 있는지를 알게 되면 내가 지금 무얼 하자는 것인지, 무얼 마음먹었는지도 부처님 설법에 비추어 분명하게 판단할 수 있게 될 것입니다. 그것이 바른 견해, 바른 사유의 수행입니다.

바른 마음챙김 공부가 아무리 중요하고 급할지라도 바른 견해 공부를 소략疏略히 할 수는 없다는 거지요. 즉, 바른 견해는 갖추고서 바른 마음챙김을 해야 한다는 것입니다. 바른 마음챙김에 대한 바른 견해부터 세워야 합니다. 팔정도의 일환으로서, 계·정·혜 삼학을 닦는 공부로서 바른 마음챙김을 공부한다는 것이지요. 여러분은 이제 부처님 법 공부를 시작하는 단계입니다. 그러려면 처음부터 바른 정신 무장으로 임하지 않으면 안 되니 적어도 바른 견해만은 확실히 챙겨야 합니다. 바른 견해로 나의 기존 사유방식과 습관을 넘어 새로운 각오와 결의로 팔정도 수행에 임해 보자는 것입니다.

지금 우리는 바른 마음챙김을 공부하기 위해 이 자리에 앉아 있습니다. 이때 성급한 마음으로 덤비거나 '시간 나면 앉아보지' 하는 정도로는 바른 마음챙김, 삼마아사띠를 제대로 닦는다고 할 수 없습니다. 물론 제대로 닦지는 못한다 해도 닦는 인연이라도 맺어 놓는 것은 좋습니다. 그래서 틈틈이 시간 내서 공부를 하는 것이 좋습니다. 단 처음부터 인식은 바로 해야 합니다.

# 계戒가 선행되어야 탈이 없다

　이렇게 해서 바른 견해[正見], 바른 사유[正思]의 기초적인 혜가 어느 정도 갖춰졌다고 보면, 그 다음에 해야 할 노력이 바른 말[正語], 바른 행위[正業], 바른 생계[正命] 그리고 바른 노력[正精進]의 전반前半입니다. 이것이 계·정·혜 중의 계戒에 해당됩니다. 이 계를 정定보다 먼저 닦아야 합니다.

　왜 계 공부를 먼저 해야 하는가? 계가 어느 정도라도 이루어져야 정에 들어가도 순조롭고 장애나 위험이 적기 때문입니다. 불교 공부를 하는 정신세계의 길은 물질세계의 길보다 더 위험천만합니다. 신중하고 조심스럽게 차근차근 체계적인 노력으로 접근해 들어가도 위험할 수 있는데, 하물며 아무 준비도 없이 덤벙대고 뛰어들면 절대 안 됩니다. 큰일 난단 말이지요. 자칫 잘못하면 팔정도를 닦는다면서 팔사도八邪道를 닦고 앉았을 수도 있다는 말입니다.

　그러니까 팔정도로서 바른 마음챙김, 정념을 공부할 때는 마땅히 그 앞에 선행되어야 하는 두 가지 노력, 즉 경을 읽고 계행을 닦도록 노력해야 합니다. 요즘 유행하는 위빳사나 책들을 봐도 '이 공부를 시작하려는 사람은 경의 윤곽이라도 알고, 계를 지키는 노력으로 기초가 닦여 있다는 것을 전제로 한다'고 적혀 있습니다. 미얀마의 어떤 사야도의 책을 보면 앞에 이런 말이 있습니다. "계 공부를 상당히 했다는 것을 전제로 지금부터 위빳사나에 들어가라."

오계나 팔계를 지킨다든가, 계의 정신에 대해서 깊은 숙고를 해본다든가 하는 노력이 선행되어야 정定 수행에 들어갈 수 있다는 것입니다. 요컨대 수행자는 몸가짐과 마음가짐에서 기본이 제대로 되어 있어야 한다, 그렇게 되어야 정 공부를 해도 탈이 없다, 그런 뜻입니다.

계는 왜 닦아야 하는가? 여러분 '계 청정'이라는 말을 아실 겁니다. 계는 청정해야 하는 것입니다. 즉, 계를 닦아 청정해지면, 내 마음이 청정해지고 내 업 지음이 청정한 쪽으로 방향이 바뀐다, 이 말입니다. 계는 청정해지기 위해서, 깨끗해지기 위해서 닦는 것입니다. 청정하지 못함이란 어떤 것인가? 그것은 거짓말, 이간질하는 말, 거친 말, 쓸데없는 말이나, 살생 투도 간음 음주 등 오계五戒를 지키지 못하는 것이 모두 청정하지 못한 것입니다. 계를 지켜 그런 것들이 다 정돈되면 안팎으로 청정하기 마련입니다.

청정해야 이 좋은 길에 마장 없이 또는 마장을 최소로 겪으며 무사히 끝까지 나아갈 수 있습니다. 이것은 수행을 하려는 사람 자신을 위한 이야기지, '어디로 들어가려면 입장권을 가져와야 한다'는 식의 강요는 아닙니다. 계가 청정하지 못하면 그만큼 엄청난 시련을 겪게 될 것입니다. 이것은 연기법緣起法입니다. 쉬운 말로 인과因果인데, 원인 단계에서 부실하면 중간에 부딪히는 애로와 간난艱難이 심할 건 말할 필요도 없겠지요.

마장은 여러분이 생각하듯 반드시 나쁜 모습으로만 나타나는 게 아닙니다. 오히려 좋게 나타나지요. 그래서 더 위험하고 무서운 것입니다. 여러분이 품고 있는 욕망 그대로 나타나니까, 욕망이 실현되는 것 같으니까, 그래서 속기 마련이고, 속고 나면 엄청난 결과가 뒤에 나타나는 겁니다. '공부를 조금 하니까 어떤 게 보이느니, 꿈이 어떠니, 체험이 어떠니' 하는 이야기 많이 들었을 겁니다. 그런데 계가 청정한 수행자일수록 겪지 않으니까 그런 소식을 모르지요. 계가 그렇게 중요한 겁니다.

계가 뭔지도 모르고 무턱대고 욕심만 가지고 공부한다고 덤벼드는 사람은 똑같은 시간을 들여 똑같이 노력해도 뭔가 겪는 게 많습니다. 그런데도 그게 공부의 결과인줄 아니 얼마나 속기가 쉽겠습니까. 그래서 몇 걸음 못 가는 거지요. 몇 걸음 안 나갔는데 나타나는 경계가 그렇게 거창하고 멋있게 보이니까 '힘이 났네, 정진력을 얻었네, 신통력이 생겼네, 뭘 경험했네' 하면서 거기에 속아서 줄줄이 엮여 들어가는 겁니다. 자기가 속으니까 남들도 속이게 되는 겁니다.

부처님이 그런 거 하라고 법을 설하신 게 아닙니다. 오히려 그것이 정신세계의 실상이기 때문에 부처님이 대자비심과 대지혜로 그런 길을 어떻게 하면 모면하는지, 마장에 부딪히면 어떻게 대응하는지, 그리하여 어떻게 하면 중간에 포기하지 않고 장애를 극복하면서 끝까지 나아갈 수 있는지 체계적으로 설해 놓으셨습니다. 왕도를 걷지 못하고 부실한 길로 가지 않도록 법을 설하신 겁니다. 이처럼 계는 그 공부의 실질적 효과 때문에 지키라고 하는 것입니다.

불교에서의 계는 '지키면 지킬수록 이롭다, 지키지 않으면 그만큼 해롭고 손해다' 하는 가장 실제적인 가르침입니다. '지켜봐라, 그러면 대단히 이롭다, 지키지 않으면 나중에 훨씬 비싼 대가를 치르게 된다' 그런 뜻입니다. 그러니까 스스로의 향상을 위해서 계를 지켜야 합니다.

따라서 승가 안에서는 계를 거듭 강조해서 잊지 않도록 하고, 계를 거울로 삼아 자기를 주기적으로 돌아보도록 노력합니다. 남방에서는 신도들도 계 수행에 같이 참여한다고 합니다만, 북방에서는 그렇지 않은 지 오래되었고, 한국에서는 승가 안에서도 계의 위치가 대단히 막연해졌습니다. 이게 한국불교의 큰 약점입니다. 여러분도 은연중에 계를 가볍게 여기거나 '대충대충 넘겼으면' 하는 마음이 있다면 다시 생각해 보아야 합니다.

우선 먹기에는 곶감이 달지만 급하게 먹고 나면 체하기 마련입니다. 계는 안 지키는 것이 수월한 것 같지만 지켜놓는 것이 정定을 닦을 때나 세상살이 하는 데나 훨씬 더 수월합니다. 그리고 진실로 계 자체만으로도 큰 행복이 옵니다. 여러분은 오늘 이 자리에서 계에 대한 인식을 새롭게 가다듬어 '한 번 해보겠다'는 결심과 발원을 해주시길 바랍니다.

# 자기 점검과 바른 노력[正精進]

계가 온전하면 다른 공부가 한결 쉽고 순리대로 풀려나갑니다. 계가 어느 정도 이루어지고 그 다음에 들어가는 것이 정진精進입니다. 계·정·혜 삼학에서는 바른 노력[正精進], 바른 마음챙김[正念], 바른 집중[正定]을 정定이라고 대별시키는데, 정定도 계에서처럼 그 순서에 따라 바른 노력으로 시작해서 바른 마음챙김으로 그리고 바른 집중으로 나아가는 것이 옳은 길입니다.

정진은 뭔가? 자기 내면의 습관, 버릇, 관행, 또는 가치관 등을 철저히 점검하는 노력입니다. 정진은 그 자체로서 완성되는 것이 아니라, 앞으로 지혜의 꽃을 피울 수 있는 가능성을 마련하는 과정입니다. 자기 분석, 말하자면 나의 장점과 단점을 들여다보는 것은 계의 완성뿐만 아니라 앞으로 키워 나갈 지혜의 토대이자 싹이 됩니다. 그래서 정진을 해서 자기 분석 능력을 키우는 것입니다.

처음에는 자기 분석이 잘 되지 않습니다. 자기 내면을 성찰하는 것이 쉽지 않습니다. 그러나 자꾸만 하다 보면 그 자체가 바로 일차적 지혜의 증장으로 나타납니다. 자기 마음, 자기 생각, 자기 버릇 이 모든 것의 장단처가 일목요연하게 드러납니다. '이것은 나쁘니 하지 말아야 하는 것이다'라는 타율적인 자기 다스림을 넘어, 이제는 자기를 들여다보고 자기와 대결하면서 자기를 고치는 과정이 시작되는 것이지요. 자기 내면 깊숙한 곳에 들어앉아 저항하고 몸부림치는 그놈을 들여다보고 어떻게 다루어야 할지를 강구하는 과정에서 참으로 한 단계 높은 계의 노력, 그리고 더 높은 공부로 나아가는 발판이 마련되는 것입니다.

이렇게 정진을 통해 자기 내면에 대한 일차적 정리가 어느 정도 되었을 때 바른 마음챙김, 삼마아사띠 공부를 시작하는 것입니다.

# 기초 다지기의 중요성

그런데 우리나라에서는 바른 마음챙김, 정념을 위한 준비 과정을 너무 소홀하게 가르쳐왔어요. 불교를 만나서 처음부터 참선을 공부하면 쉽고 신바람이 날지는 모르지만, 가다가 곧 좌절하는 이유는 그 기초가 부실하기 때문입니다. 기초 부실공사지요. 기초를 부실하게 닦으니까 그 위로 이층만 올라가도 와르르 무너집니다. 모처럼 지어 올라가다가 한번 와르르해버리면 기가 꺾여서 다시 시작할 엄두도 나지 않고 그렇다고 원인을 들여다볼 엄두도 내지 못 합니다.

여기서 기초 다지기를 강조하는 것은 기초 부실을 예사롭게 생각하는 경향 때문입니다. 절집에서의 수행방법 지도가 그러하니, 거기서 지도 받은 불자들도 그럴 수밖에 없지요. 스님들이 계를 지키지 않는 것은 아닌데, 계에 대해서 애매한 태도를 갖고 있어요. 계에 대한 확신, 또는 그 중요성에 대한 강조가 소홀합니다.

소위 도인道人 바람 때문에 계를 안 지켜요. 전부 도인이 되어버려서 첫걸음부터 계를 초월해서 놀려고 합니다. '계 같은 것은 하근기 중생들이 닦는 것이지 우리 도인들은 구애되면 안 된다' 하는 식의 병病이 있지요. 이 병은 단연 고쳐야 합니다. 우리가 그 병의 희생물이 되어서는 안 됩니다. 공부만은 정말 차근차근 접근해 들어가야 합니다. 조금 시간이 걸리고 고통스럽더라도 기초를 잘 다져야 합니다. 건실한 기초공사로서 계를 지키고 정정진의 노력을 꼭 해야 합니다. 그래야 바른 마음챙김, 정념이라는 여의주를 손에 넣을 수 있습니다.

안일하게 손만 뻗쳐서 입에 삼키면 되는 만병통치약을 구하면 안 됩니다. 급한 마음, 과정을 생략하려는 마음, 달콤한 결실만 맛보겠다는 마음, 이것부터 청산하지 않는 한 마음공부는 안 됩니다. 바로 그것을 깨는 노력이 정정진, 바른 노력입니다.

이 시대 우리 불자들은 자칫 과정을 생략해 버리는 풍조가 있는데, 바른 노력은 그러한 최대의 약점을 극복하는 길과도 통합니다. 우리 자신을 바로 봐야 합니다. 과정은 생략하고 결실만 거두려는 이 성급한 마음부터 들여다보고 고치려는 자세를 가지면서 들어가자는 말입니다. 그게 바로 바른 노력이지요. 일상생활에서부터, 바로 이 자리에서부터 그걸 극복하고 새로운 사고, 새로운 문화를 굳혀나가야 합니다.

정정진, 바른 노력은 정定의 씨앗을 뿌리는 과정입니다. 바른 노력 속에 이미 바른 마음챙김이 자리 잡기 시작하고,

거기서 바른 집중[正定]을 이루면서 혜慧가 피어납니다. 팔정도를 설하신 부처님의 묘법은 혜-계-정의 단계를 밟아 나아가는 데 있습니다. 공부 길에 기초 다지기라는 그 선행조건들을 생략하면 나중에는 팔정도의 묘한 맛은 다 놓쳐버리고, 그저 여의주라니까 남에게 뺏길세라 급하게 손에 넣으려고 몸부림치다 마는 꼴이 되기 쉽지요. 참선한다고 앉아보면 잡힐 것 같고 뭐가 당장 될 것처럼 아른아른하겠지요. 그러나 아무리 손을 뻗쳐 허우적거려도 무지개처럼 손에 잡히질 않아요. 그런 식으로는 아무것도 되지 않습니다.

부처님을 보십시오. 부처님이 다겁多劫의 생을 얼마나 정진하셨습니까. 부처님 같은 대근기도 다겁생 동안 정진에 정진을 거듭해서 이루신 건데, 하물며 우리들이야 어떻겠습니까. 우리 자신을 좀 돌아봅시다. 전생에 얼마나 공부를 많이 한 것 같은가? 혹은 공부는 적은데 감히 손만 뻗쳐서 달랑 잡겠다고 하는 것은 아닌가? 물론 부처님 힘을 믿어서 그렇겠지만 우리도 필요한 투자, 필요한 노력을 기울여 부끄럽지 않고 가책이 없도록 당당하게 이 공부를 해야 합니다. 요행은 바라지 맙시다. 성급함도 버립시다. 그런 노력으로 정정진을 해야 바른 마음챙김, 정념으로 들어갈 수 있습니다.

# 할 것은 해야 한다

　　진짜 왕도로 가려고 하면 기초 닦기에 상당한 노력을 기울여야 합니다. 그 노력을 등한히 하면 처음에는 편한 것 같지만 나중에 가면 그야말로 죽을 맛이지요. 이 세상에는 기적도 없고 공짜도 없습니다. 기적이나 공짜 같은 게 있으면 연기법이 무너지게요? 할 것은 해야 합니다. 할 걸 한다는 것을 전제로 하고 부처님이 법을 설하신 것입니다.

　　앞서 팔정도는 부처님이 비구를 상대로 말씀하신 것이라고 했지요. 비구는 팔정도를 본격적으로 닦기 위해서 모든 것을 다 버린 사람들 아닙니까? 집도 가정도 재산도 다 버리고 세상에 대한 애착과 욕심을 버리겠다고 발심한 사람들에게 팔정도를 설하신 것입니다.

　　부처님이 속인들을 발심시키려고 설한 부분이 더러 있기는 하지만, "비구들이여" 하고 말씀하셨을 때는 발심시키려는 뜻이 아닙니다. 이미 발심한 비구들에게 어떻게 현명하고 지혜롭고 안전하게 나아가게 할 것인가를 말씀하신 겁니다.

여러분은 "비구들이여" 하고 시작하는 경을 보면 기가 죽고 어렵다고 느낄 겁니다. 하나만 하면 쉬울 텐데 사성제를, 팔정도를, 십이연기를, 그것도 모자라 37조도품助道品까지 공부해야 하나 하는 생각이 들 겁니다. 이래 가지고는 발심이 아니라 신심이 자꾸 떨어질지도 모릅니다. 그건 여러분이 아직 속인이니까, "비구들이여" 하는 경을 소화하기 어렵기 때문이겠지요. 바른 마음챙김 공부를 위한 사전 준비가 되어 있어야 "비구들이여" 하고 설하신 가르침도 따라갈 수 있습니다.

그러니까 여러분도 비구가 할 공부를 하겠다고 엄두를 냈을 때에는 어느 정도라도 그와 같은 자세를 갖추어야 합니다. 그렇지 않고 시작하면 욕심쟁이가 됩니다. 물질세계의 욕심은 오히려 간단해요. 정신세계의 욕심은 일종의 확신이 되기 때문에 문제입니다. 일단 확신이 자리 잡으면 고칠 방법이 없으니 그야말로 지옥에 가도 안 고쳐진단 말입니다.

처음부터 '왜 나는 이리도 정定이 안 되나' 하며 욕심부리고 앉아 있는 사람은 평생 욕심에 끄달리다가 욕심의 경계에 속아서 공부 그르치기 쉽습니다. 여러분, 바깥세상에서 욕심 많이 부리잖아요. 그 욕심을 정 공부에까지 연장하지 말고, 여기 와서는 그 욕심을 반조하는 기회로 삼으십시오. 그래야 여기 앉은 보람이 있습니다.

여기 들어와 있는 시간만이라도 그 욕심과 인연을 끊고,

164

잠시라도 남 험담하지 말고, 비판하지 말고, 못마땅해 하지 말고, '어떠한 일도 결국은 내가 불러들인 것'이라는 자기 반조에 힘쓸 때, 공부 자세의 기본이 되는 청정한 그물 하나가 여러분에게 마련되는 겁니다.

바깥세상은 어쩔 수 없습니다. 거기의 삶이라는 건 원망과 시기와 질투와 욕심, 경쟁 그 자체이지요. 여러분은 거기에 지쳐서 벗어나고자 하는 것 아닙니까? 벗어나려 하면서도 오히려 '참선을 하면 정신력이 강해져서 경영을 잘 하게 된다더라, 어디를 가면 힘을 얻고, 어디를 가면 건강을 얻는다더라' 하는 그런 걸 여전히 원합니다. 그러나 올바로 공부하게 되면 힘을 구하는 그 마음을 돌아보면서, 허허 웃고 털어버리는 날이 올 것입니다.

그러니까 참선에 욕심 부리지 마십시오. 조금 해보고 안 된다고 내팽개칠 바에야 차라리 경을 좀 더 읽고, 계를 더 챙기십시오. 내가 거짓말을 하는지, 이간질하는 말을 하는지, 여기서는 이 말하고 저기서는 저 말 하지는 않는지, 면종복배面從腹背하는지, 앞에서는 말 못 하고 뒤돌아서서는 딴 말하고 그러지 않는지를 챙기십시오.

남 속이기 쉬워요. 신경 좀 쓰면 속일 수 있어요. 그런데 자기 속이기는 훨씬 더 쉽습니다. 그러면서 아주 쉽게 함정에 빠지는 거지요. '이러면 안 되지' 하면서도 계속 속이다 보면 사람이 비뚤어지고 망가져요. 그러니까 남 속이는 것도 문제이지만 자기를 속이는 것은 더 큰 문제입니다.

중생은 누구나 그렇듯이 자기를 속이는 것이 문제입니다. 자신이 그걸 벗어났는지 먼저 점검하고 참회해야 합니다. 이제는 '하늘을 향해서도, 땅을 향해서도 한 점 부끄럼 없이!' 그렇게까지는 아니더라도 '크게 부끄럼 없이 고개를 들 수 있는가?' 그렇지도 못 하면서 무슨 큰 공부, 해탈·열반 공부를 하겠습니까? 겸허하고 정직한 자세가 꼭 필요합니다.

계·정·혜 삼학을 먼저 정확히 이해하고 바른 마음챙김, 삼마아사띠를 공부해야 사념邪念이 아닌 진짜 정념이 됩니다. 팔정도에서 계, 즉 바른 말, 바른 행위, 바른 생계와 일부 바른 노력이 선행되어야 하니까 그것을 먼저 갖추도록 노력한 다음, 바른 노력, 바른 마음챙김, 바른 집중 등 본격적인 정 공부에 들어가도록 해야겠습니다. 계를 통해서 청정을 얻고, 그것을 바탕으로 바른 집중을 통해서 고요를 얻고, 그 청정과 고요가 기반이 되어서 참으로 찬란한 지혜의 밝음이 나옵니다. 이 팔정도 공부는 그렇게 차서次序대로, 연기관의 자세로, 차근차근 순서대로 지어나가야 옳습니다.

이것이 부처님의 가르침입니다. 바른 마음챙김, 정념에 들어가기 전에 반드시 준비가 필요합니다. 어렵더라도 무작정 덤벼들 것이 아니라 순서대로 준비를 갖추어야 되겠다는 말씀입니다.

　계 공부는 세속 생활에 시달리면서 잘할 수도 있습니다. 마음만 제대로 먹으면 공부할 기회가 많으니까요. 세속에서 공부할 것을 잘 공부한 사람이 출가하면 훨씬 공부가 잘 될 수 있습니다.

# 계·정·혜의 구족, 중도中道

그러나 계만 공부한다고 청정함이 완성되지는 않습니다. 어느 정도는 닦이지만 좀 더 깊이 완벽하게 닦으려면 정定이 필요하고 혜慧가 필요합니다. 그래서 계·정·혜戒定慧 삼학을 구족해야 합니다.

삼학을 구족하는 것이 중도中道입니다. 삼학을 구족하지 못하여 중도를 벗어나면 시작은 되지만 완성은 안 됩니다. 그래서 계·정·혜를 구족하는 번거로움을 감수해야 합니다. 어렵지만 그렇게 하지 않을 수가 없습니다. 부처님 최초의 말씀이 중도인데, 계·정·혜가 구족되지 않고 어떻게 어느 하나만으로 중도를 이루겠습니까.

계는 청정함이요, 정은 고요함이고, 혜는 밝음입니다. 청정하고 고요하고 밝은 세 가지 덕을 구족한 것이 중도입니다. 이 삼덕이 서로가 서로를 보완하고 서로가 서로를 밀어서 어느 하나도 빠지려야 빠질 수 없고 모가 나려야 날 수 없이 원만해질 때, 그것이 중도입니다. 어중간하게 타협하는 태도가 중도는 아닙니다. 불교는 그렇게 적극적입니다.

구족하라. 뭘 구족하는가? 계·정·혜를 구족하라. 어떻게 구족하는가? 팔정도를 닦아라! 왜 팔정도를 닦아야 하는가? 십이연기十二緣起를 관하면 그 해답이 나옵니다. 부처님 가르침은 그렇게 체계 정연하고 합리적입니다.

그래서 사성제에서도 십이연기, 즉 집성제集聖諦가 멸성제滅聖諦, 도성제道聖諦의 앞에 나오지요. 왜 그런가? 이 세상이 고苦인데 왜 고인지 알아야 되거든요. 그렇게 해서 집성제를 알면, 팔정도를 왜 닦아야 되며 어떻게 닦아야 되는지 알 수 있습니다. 십이연기를 순관하면 고를 알고, 십이연기를 역관하면 멸滅을 알 수 있습니다. 고苦를 알고 멸을 알면 지금 이 공부가 고를 줄이고 멸을 이루어나가는 쪽으로 바로 가고 있는지, 잘못 가고 있는지 점검할 수 있습니다. 십이연기에 따라서 자기 공부를 점검하면 내가 팔정도를 바르게 걷고 있는지 점검이 됩니다.

이처럼 인류 역사에 전무후무한 대지혜의 큰 축이 사성제 안에 있습니다. 그것은 인류가 20세기에 완성한 원자폭탄보다 더 위력이 크고 어떠한 과학기술보다도 더 체계적이고 시공을 초월한 영원한 힘을 발휘합니다. 이렇게 큰 가르침을 우리 모두 자기 것으로 만드는 날, 그때 무명無明에서 헤어나는 것입니다.

# 바른 마음챙김으로

　내가 남은 잘 보는데 자신은 볼 줄 몰라요. 남의 허물, 남의 욕심은 너무 빨리 보지요. 그래서 매사를 남 탓으로 돌리고 자기 합리화에 급급한 게 우리의 초라한 모습입니다. 그것을 이 법당에 들어올 때만이라도 멈춥시다.

　이 법당은 바로 거울집입니다. 내 마음을 비추는 이 거울집에 들어와 그 거울을 닦아 나를 보려는 것이 목적입니다. 제대로 보려는 것이 목적입니다. 가령 내가 누구를 마구 원망한다면 마땅히 원망할 만해서 원망하겠지만, 그러나 거울에 비추어서 보면 그 원망할 사람이 왜 나하고 만났을까? 왜 그 사람은 나에게 원망 살 일을 했을까를 생각하게 됩니다. 결국 그 사람이 나하고 만난 원인은 나에게 있어요. 내가 그 사람을 끌어들여서 그 사람으로 하여금 그런 행동을 하도록 유인한 것이지요. 그래 놓고는 그 사람 탓만 하고 자기는 안 돌아보지요. 돌아보지 않는 것만이 아니라 자기변명과 자기 합리화에 급급합니다. 현대인들, 특히 도회에 사는 사람들은 자기 합리화에 숙달된 전문가이지요.

　법당에 들어와서만은 그 버릇을 한번 돌아볼 수 있게 되기를 바랍니다. 내가 얼마나 간사하고, 얼마나 자기를 속이고 남을 속이는 데 숙달되어 있는지 돌아보자는 말입니다. 그렇게 자기를 돌아보는 회광반조回光返照의 공부가 바른 마음챙김, 정념의 출발입니다. 출발이 그래야 하는 건데 그렇게 하지 않으니 정념이 아니라 사념이 되는 겁니다.

　계를 닦은 사람이 그런 청정한 마음가짐을 갖출 수 있고, 그렇게 청정한 마음을 가져야 마음챙김의 단계에서 자기를 보는 노력에 진전이 있는 겁니다. 처음에는 도덕적으로 '사람이 거짓말하면 안 되지' 하는 정도로 하다가, 그 단계를 넘어서면 자기 심층내면의 관찰과 분석이 필요합니다. 뭔가를 더 세밀하게 보려면 거울도 필요하고, 도수度數 있는 안경도 필요하고, 현미경도 필요하듯이 우리 마음도 더 잘 볼 수 있는 능력이 필요합니다.

　'자기 마음' 그 미세하고 애매하며 언제나 자기 합리화와 가장假裝의 탈을 쓰고 있는 그놈을 벗겨내야 합니다. 자기 마음은 '이래야지, 저래야지' 하는 윤리 도덕적인 당위성만으로는 제대로 볼 수가 없습니다. 바른 마음챙김 공부는 자기를 객관화시켜서 관찰 대상으로 삼고 합리화의 유혹에 빠지지 않고 관찰 대상인 자기를 냉엄하게 계속 지켜볼 수 있는 능력을 계발

하려고 하는 것입니다. 있는 그대로 보려고!

있는 그대로 지켜보려고 노력하면 우선 건강이 좋아져요. 마음이 곧아지고 자세가 곧아지는 효과가 있지요. 거기서 그치면 안 됩니다. 그 공부를 통해서 우리가 참으로 지향하는 것은 자기 마음을 볼 관찰력을 키우고, 외면한다든가 합리화시켜 자기를 속이지 않고 성실한 마음으로 지긋이 계속 바라보는 상태입니다. 더 나아가면 그런 자기를 인정하고, 인정하기 때문에 아무 변명도 없이 그걸 고치도록 노력하는 자세를 갖추게 됩니다. 그러려면 바른 마음챙김 공부 말고는 없습니다.

바른 마음챙김이 없는 정 공부, 정신 집중 공부, 참선 공부가 어떻게 되겠습니까. 바른 마음챙김, 삼마아사띠는 부처님께서 특별하게 쓰신 참으로 특별한 용어입니다. 그 전에는 그런 용어가 없었습니다. 사마아디*samādhi*라는 말도 있었는지 잘 모르겠습니다. 바아와나*bhāvanā*는 있었던 것 같고 많이 닦았던 것 같아요. 팔정도의 앞 부분 다섯째 항에 비해 뒤의 바른 노력, 바른 마음챙김, 바른 집중은 용어부터가 부처님의 독특한 어법인 것 같아 보여 주목됩니다. 이런 문제는 학자들에게 맡겨두기로 하고 우리는 팔정도가 문자 그대로 부처님의 창조적 작품이자 초유의 진리 표현인 것으로 이해하고 실천 노력함으로써 그 의의를 우리의 삶에서 꽃 피워 내도록 노력해 봅시다.

# 보습 날이 바른 마음챙김

《숫따니빠아따Suttanipāta》에 부처님이 밭 가는 농부에게 말씀하신 경(〈Kasi Bhāradvāja Sutta〉)이 있습니다. 거기 보면 부처님이 밭 가는 사람 옆에서 탁발을 하시는데, 농부가 보고는 "당신은 밭도 갈지 않으니 공양 받아먹을 자격 없소"라고 합니다. 그 말에 부처님이 "나도 밭을 간다" 하시지요. "당신이 언제 밭을 갈았소?"라고 농부가 따지니까 부처님이 "나의 씨앗은 믿음이요, 확신이요" 하면서 말씀을 계속하십니다.

그중에서 "사띠는 보습 날이고 소를 모는 작대기다" 하면서 보습 날과 작대기에 사띠를 비유하셨어요.

믿음이 씨앗이고 감관수호가 비이며 지혜가 나의 멍에와 쟁기라네. 부끄러움이 자루이고 마노가 끈이요 마음챙김이 내 보습 날과 몰이막대라네.

제가 네팔 가서 우연히 쟁기로 밭 가는 모습을 볼 수 있었는데, 보습 날이 있고 작대기를 들고 있습니다. 그 비유에서 소는 정진입니다. 정진을 하는데 그 정진의 방향을 조절하는 막대기가 사띠, 즉 마음챙김인 겁니다. 그리고 밭을 가는 보습 날입니다. 마음 밭을 갈며 방향을 조절하는 게 바른 마음챙김, 정념입니다. 신심, 확신의 씨앗을 뿌려서 비라는 수행으로 물을 뿌립니다. 비가 수행이지요. 씨앗에서 싹을 틔우는 게 비입니다. 그리고 반야般若 paññā, 지혜는 보습입니다. 우리가 지혜를 굉장하게 생각하는데 실은 지혜는 보습이고 보습의 날은 사띠이지요.

오늘 이야기 선상에서 보면, 지혜는 우리가 추구해서 얻어야 할 궁극의 목표라기보다는 바로 그 보습입니다. 사실 보습은 날을 위해 있는 것이지 보습 자체를 위해 있는 것은 아닙니다. 그 날이 날다워지려고 보습이라는 장치가 필요한 것이지요. 그렇게 바른 견해로써 바른 마음챙김을 하여 바른 방향으로 정진을 이끌면 구경의 목적지에 도달할 수 있습니다. 그렇게 밭을 갈아 얻는 수확물이 불사의 경지이지요. 그게 최종 목표입니다.

이러한 바른 노력이 간단없이 순일하게 지속되어 가능해지는 정이야말로 바른 정, 바른 집중입니다. 바른 집중에는 초선初禪에서 4선四禪까지 차례로 나타나서 우리의 인격적 고양을 확인 증명해주는 바로미터가 됩니다. 우리 인격 고양이 추상적이고 막연한 이야기가 아닙니다. 네 단계의 선에 의해서 정확하게 잴 수 있습니다.

그래서 해탈·열반으로 나아가는 것이 우리가 사람 몸 받은 값하는 것이지요. 여러분은 사람 값 아닌, 가면 쓴 사회인 하느라 평생 허덕거리고 살 수도 있어요. 이 사회가 요구하는 데 부응하려고 헐떡거리고 삽니다. 일류 학교를 나와야 돼, 일류 직장을 가야 돼, 결혼을 해야 돼, 좋은 아파트, 좋은 차 사야 돼, 자식 일류 학교 보내야 돼. 그건 여러분이 원한 것 같고 스스로 마음에서 우러난 것 같지만 실은 그렇지 않습니다. 이 사회가 요구한 것이고 거기에 부응하려고 처절하게 노력해온 것이지요.

그런데 그걸 문득 깨닫고, 사회에 부응하려고 평생을 바치는 사회적 존재로부터 진정한 나 자신으로 돌아가 사람값 제대로 할 것을 진지하게 생각하고, 자기 여건을 사람값에 맞추려고 한다면, 그것은 향상을 도모할 수 있는 결정적 모멘트를 포착하는 것이 됩니다. 그때부터 사람살이를 하는 겁니다. 사회살이로부터 사람살이로 바뀌는 겁니다. 사람살이 하려고 마음먹는 순간부터 가장 필요한 것이 바로 삼마아사띠, 즉 바른 마음챙김[正念]입니다.

여러분, 바른 마음챙김 공부가 사람살이에 가장 필요한 것인 줄 알고, 여기 와서 머무는 순간만이라도 바른 마음챙김 공부를 하고, 또 그 바른 마음챙김 공부가 무르익도록 부단히 노력해서 향상하십시오. 욕심내지 말고 꾸준히 바른 마음챙김, 정념 공부에 힘쓰십시오. 이것이 사람살이를 위한 길입니다.

175

**마음챙김을 위한 경經**

---

자비경

염신경

염수경


**붙임**

어떻게 앉는가?

# 자비경 *Karaṇīyā Mettā Sutta*

1. 완전한 평정 상태를 언뜻 맛보고서
   더욱더 향상을 이루고자 애쓰는 사람은
   유능하고 정직하고 고결하고
   말이 점잖으며 온유하고 거만하지 않아야 하리.

2. 만족할 줄 알아 남들이 공양하기 쉬워야 하며
   분주하지 않고 생활이 간소하며
   감관은 고요하고 사려 깊을지니
   속인들에게 뻔뻔스럽거나 알랑거려서는 안 되리.

3. 또한 현자에게 질책당할
   어떤 행동도 삼가야 할지라.
   (그런 다음에 이와 같은 생각을 기를지니)
   모두가 탈 없이 잘 지내기를!
   모든 중생이 행복하기를!

4.  살아 있는 생물이라면 어떤 것이든
    하나도 예외 없이 약한 것이든 강한 것이든
    길든 크든 아니면 중간치든
    또는 짧든 미세하든 또는 거대하든

5.  눈에 보이는 것이든 눈으로 볼 수 없는 것이든
    또 멀리 살든 가까이 살든
    태어났든 태어나려 하고 있든
    모든 중생이 행복하기를!

6.  너희는 서로 속이거나 헐뜯는 일이 없게 하라.
    어디서든 어떤 것이든.
    누구도 남이 잘못되기를 바라지 마라.
    원한에서든 증오에서든.

7.  어머니가 자기 아들을 하나뿐인 자식을
    목숨 바쳐 위해危害로부터 구해내듯
    만중생을 향한 일체 포용의 생각을
    자기 것으로 지켜내라.

8. 전 우주를, 그 높은 곳 그 깊은 곳 그 넓은 곳
   끝까지 모두를 감싸는 사랑의 마음을 키우라.
   미움도 적의도 넘어선
   잔잔한 그 사랑을.

9. 서거나 걷거나 앉거나 눕거나
   깨어있는 한 이 자비의 염을
   놓치지 않도록 전심전력하라.
   세상에서 말하는 '거룩한 경지'가 바로 그것이다.

10. 그릇된 생각에 더 이상 매이지 않고
    계행과 구경의 지견을 갖추었으며
    모든 감관적 욕망을 이겨냈기에
    그는 다시 모태에 들지 않으리.

아차리야 붓다락키따 *Ācariya Buddharakkhita* 영역

# 염신경 念身經

1. 이와 같이 나는 들었다. 한때 세존께서는 사왓티에 있는 제타 숲, 아나타삔디까 승원에 계셨다.

2. 그런 어느 날 점심을 마치고 탁발에서 돌아온 많은 비구들이 강당에 모여 앉아서 이런 이야기들을 하고 있었다.
"참으로 놀랍습니다. 벗들이여! 참으로 불가사의합니다. 벗들이여! 아시는 분, 보시는 분, 아라한, 정등각자正等覺者, 세존께서 말씀하신 '신체에 대한 염'은 이를 익혀서 끊임없이 닦으면 실로 큰 결과와 큰 공덕이 있습니다."
여기서 비구들의 이야기는 중단되었다. 이미 저녁 무렵인지라, 세존께서 (낮 동안의) 홀로 앉으심을 풀고 자리에서 일어나셔서는 강당으로 오시어 마련해드린 자리에 앉으셨던 것이다. 자리에 앉으신 세존께서는 비구들에게 말씀하셨다.
"비구들이여, 무슨 이야기를 하기 위해 지금 여기에 모였는가, 그리고 그대들이 하다만 이야기는 무엇인가?"

"세존이시여, 저희들은 점심을 마치고 탁발에서 돌아와 여기 강당에 모여 앉아 이런 이야기를 하고 있었습니다. '참으로 놀랍습니다. 벗들이여! 참으로 불가사의합니다. 벗들이여! 아시는 분, 보시는 분, 아라한, 정등각자, 세존께서 말씀하신 '신체에 대한 염'은 이를 익혀서 끊임없이 닦으면 실로 큰 결과와 큰 공덕이 있습니다.'라고. 세존이시여, 우리들이 이런 이야기를 하고 있는 중에 세존께서 오셨습니다."

3.  "비구들이여, '신체에 대한 염'은 어떻게 익히고 어떻게 닦아야 큰 결과와 큰 공덕이 있는가?"

    비구들이여, 여기에 어떤 비구가 숲 속에 가거나 나무 아래에 가거나 빈방에 가거나 하여 가부좌를 틀고 상체를 곧바로 세우고 전면에 염을 확립하여* 앉는다.**

    그는 마음을 집주集注하여 숨을 들이쉬고 마음을 집주하여 숨을 내쉰다. 길게 들이쉬면서는 '나는 길게 들이쉰다'고

---

*  전면에 염을 확립하여*parimukhaṃ satiṃ upaṭṭhapetvā* : 두 가지 해석이 있다. '명상주제를 향해 염을 두고' 또는 염(원 의미는 바른 기억)을 (그 반대, 즉 망각으로부터의) 출구로 삼음으로써(망각을) 제어하고' (냐나몰리 스님의 《*Mindfulness of Breathing*》 20쪽 참조.)

** 좀 더 상세한 설명은 이 책의 289쪽 '어떻게 앉는가?' 참조

184

알고*pajānāti*, 길게 내쉬면서는 '나는 길게 내쉰다'고 안다. 짧게 들이쉬면서는 '나는 짧게 들이쉰다'고 알고, 짧게 내쉬면서는 '나는 짧게 내쉰다'고 안다. '온몸을 경험하면서 * 들이쉬리라' 이렇게 공부 지으며*sikkhati* '온몸을 경험하면서 내쉬리라'며 공부 짓는다. '신행身行**을 가라앉히면서 들이쉬리라'며 공부 짓고 '신행을 가라앉히면서 내쉬리라'며 공부 짓는다.

4.  그가 이와 같이 방일하지 않고 열심히 결연하게 살고 있으면 마침내 저 세속에 얽힌 기억과 생각들이 사라진다. 그런 것들이 사라지기 때문에 마음은 안으로 안정되어 고요해지고 전일專一해져 삼매를 이루게 된다. 비구들이여, 바로 이와 같이 비구는 '신체에 대한 염'을 익힌다.

5.  다시 비구들이여, 비구는 걸어가면서는 '나는 걷고 있다'

---

\*   온몸을 경험하면서*sabbakāyapaṭisaṃvedī* : 영역은 'experiencing a (또는 the) whole body'. 여기의 '몸'을 남방 불교에서는 호흡과정[息身]으로 이해하는 전통이 있다. 그럴 경우 '호흡의 전 과정을 처음, 중간, 끝 모두 면밀히 살피어 알면서'의 뜻이 된다.

\*\*  신행身行, *kāyasaṅkhāra* : 세 가지 행, 즉 신행身行·구행口行·심행心行의 하나. 행은 유위有爲를 형성, 조작하는 능력 또는 그 작용. 경에 신행은 출出·입식入息, 구행은 심尋과 사伺, 심행은 수受와 상想이라 함. 《중부》I권 301쪽. 이에 따라 신행을 호흡 과정으로 봄. 영역은 the body process.

고 알고, 서 있으면서는 '나는 서 있다'고 알며, 앉아 있으면서는 '나는 앉아 있다'고 알고, 누워 있으면서는 '나는 누워 있다'고 안다. 또 자신의 몸이 다른 어떤 자세를 취하고 있든 간에 그 자세대로 안다.

6. 그가 이와 같이 방일하지 않고 열심히 결연하게 살고 있으면, 마침내 저 세속에 얽힌 기억과 생각들이 사라진다. 그런 것들이 사라지기 때문에 마음은 안으로 안정되어 고요해지고 전일해져 삼매를 이루게 된다. 비구들이여, 바로 이와 같이 비구는 '신체에 대한 염'을 익힌다.

7. 다시 비구들이여, 비구는 나아갈 때에도 물러날 때에도 (자신의 거동을) 잘 알면서[正知] 행하는 사람이며 sampajānakārī, 앞을 볼 때에도 뒤돌아 볼 때에도 잘 알면서 행하는 사람이며, 구부릴 때에도 펼 때에도 잘 알면서 행하는 사람이며, 법의法衣·발우·의복을 지닐 때에도 잘 알면서 행하는 사람이며, 먹을 때도 마실 때도 씹을 때도 맛볼 때도 잘 알면서 행하는 사람이며, 대소변을 볼 때에도 잘 알면서 행하는 사람이며, 걸으면서·서면서·앉으면서·잠 들면서·잠을 깨면서·말하면서·침묵하면서도 잘 알고 행하는 사람이다.

8. 그가 이와 같이 방일하지 않고 열심히 결연하게 살고 있으면 마침내 저 세속에 얽힌 기억과 생각들이 사라진다. 그런 것들이 사라지기 때문에 마음은 안으로 안정되어 고요해지고 전일해져 삼매를 이루게 된다. 비구들이여, 바로 이와 같이 비구는 '신체에 대한 염'을 익힌다.

9. 다시 비구들이여, 비구는 이 몸이 여러 가지 부정不淨한 것으로 가득 차 있음을 발바닥에서부터 위로 올라가며 그리고 머리털에서부터 내려가며 고찰한다paccavekkhati. 즉 '이 몸에는 머리털·몸털·손발톱·이·살갗·살·힘줄·뼈·골수·콩팥·염통·간·근막·지라·허파·큰창자·작은창자·위·똥·쓸개즙·가래·고름·피·땀·굳기름·눈물·(피부의) 기름기·침·콧물·(관절) 활액·오줌 등이 있다'라고.*

비구들이여, 이는 마치 양쪽에 아가리가 있는 자루에 여러 가지 곡식, 즉 밭벼·논벼·콩·완두·기장·현미 등이 가득 담겨 있는데 어떤 눈 밝은 사람이 그 자루를 풀고 일일이 헤쳐 보면서 '이것은 밭벼, 이것은 논벼, 이것은 콩, 이것은 완두, 이것은 기장, 이것은 현미다'라고 하는 것과 같다.

---

\* 이 부분에 해당하는 아함경의 한역은 다음과 같다. 髮, 毛, 爪, 齒, 麤細薄膚, 皮, 肉, 筋, 骨, 心, 腎, 肝, 肺, 大腸, 小腸, 脾, 胃, 摶糞, 腦及腦根, 淚, 汗, 涕, 唾, 膿, 血, 肪, 髓, 涎, 膽, 小便.

바로 이와 같이 비구들이여, 비구는 이 몸이 여러 가지 부정한 것으로 가득 차 있음을 발바닥에서부터 위로 올라가며, 그리고 머리털에서부터 아래로 내려가며 고찰한다. 즉 '이 몸에는 머리털·몸털·손발톱·이·살갗·살·힘줄·뼈·골수·콩팥·염통·간·근막·지라·허파·큰창자·작은창자·위·똥·쓸개즙·가래·고름·피·땀·굳기름·눈물·(피부의) 기름기·침·콧물·(관절) 활액·오줌 등이 있다'라고.

10. 그가 이와 같이 방일하지 않고 열심히 결연하게 살고 있으면 마침내 저 세속에 얽힌 기억과 생각들이 사라진다. 그런 것들이 사라지기 때문에 마음은 안으로 안정되어 고요해지고 전일해져 삼매를 이루게 된다. 비구들이여, 바로 이와 같이 비구는 '신체에 대한 염'을 익힌다.

11. 다시 비구들이여, 비구는 이 몸을 요소별로, 구성되어 있는 대로, 작용하고 있는 대로 고찰한다. '이 몸에는 땅[地]의 요소, 물[水]의 요소, 불[火]의 요소, 바람[風]의 요소가 있다'라고.
   비구들이여, 마치 솜씨 좋은 백정이나 그 도제가 소를 잡아서 각을 뜬 다음 큰길 네거리에 이를 벌여 놓고 앉아 있는 것과 같다.

이와 같이 비구들이여, 비구는 이 몸을 요소별로, 구성되어 있는 대로, 작용하고 있는 대로 고찰한다. '이 몸에는 땅의 요소, 물의 요소, 불의 요소, 바람의 요소가 있다'라고.

12. 그가 이와 같이 방일하지 않고 열심히 결연하게 살고 있으면 마침내 저 세속에 얽힌 기억과 생각들이 사라진다. 그런 것들이 사라지기 때문에 마음은 안으로 안정되어 고요해지고 전일해져 삼매를 이루게 된다. 비구들이여, 바로 이와 같이 비구는 '신체에 대한 염'을 익힌다.

13. 다시 비구들이여, 비구는 마치 묘지*에 버려진, 죽은 지 하루나 이틀 또는 사흘 된 시체가 부풀고 검푸르게 되고 문드러지는 것을 보는 듯이 [관상觀想하면서] 자신의 몸을 그에 비추어 바라본다*upasaṃharati*. '이 몸 또한 그와 같고, 그와 같이 될 것이며, 그에서 벗어나지 못하리라'라고.

14. 그가 이와 같이 방일하지 않고 열심히 결연하게 살고 있으면 마침내 저 세속에 얽힌 기억과 생각들이 사라진다. 그

---

* 묘지 : 고대 인도에서 시체를 일정한 공지에 유기하여 썩게 하는 풍습에 연유한 묘지로 차라리 시체 안치처라 하는 것이 옳겠다. 수행자들이 신체의 무상함을 관하기 위해 이런 곳을 곧잘 이용했음.

런 것들이 사라지기 때문에 마음은 안으로 안정되어 고요해지고 전일해져 삼매를 이루게 된다. 비구들이여, 바로 이와 같이 비구는 '신체에 대한 염'을 익힌다.

15. 다시 비구들이여, 비구는 마치 묘지에 버려진 시체를 까마귀가 마구 쪼아 먹고, 솔개가 마구 쪼아 먹고, 독수리가 마구 쪼아 먹고, 개가 마구 뜯어먹고, 자칼이 마구 뜯어먹고, 수없이 많은 갖가지 벌레들이 덤벼들어 파먹는 것을 보는 듯이 [관상하면서] 자신의 몸을 그에 비추어 바라본다. '이 몸 또한 그와 같고, 그와 같이 될 것이며, 그에서 벗어나지 못하리라'라고.

16. 그가 이와 같이 방일하지 않고 열심히 결연하게 살고 있으면 마침내 저 세속에 얽힌 기억과 생각들이 사라진다. 그런 것들이 사라지기 때문에 마음은 안으로 안정되어 고요해지고 전일해져 삼매를 이루게 된다. 비구들이여, 바로 이와 같이 비구는 '신체에 대한 염'을 익힌다.

17. 다시 비구들이여, 비구는 마치 묘지에 버려진 시체가 살과 피가 묻은 채 힘줄로 얽히어 서로 이어져 있는 것을 보는 듯이 [관상하면서] 자신의 몸을 그에 비추어 바라본다. '이

몸 또한 그와 같고, 그와 같이 될 것이며, 그에서 벗어나지 못하리라'라고.

18. 그가 이와 같이 방일하지 않고 열심히 결연하게 살고 있으면 마침내 저 세속에 얽힌 기억과 생각들이 사라진다. 그런 것들이 사라지기 때문에 마음은 안으로 안정되어 고요해지고 전일해져 삼매를 이루게 된다. 비구들이여, 바로 이와 같이 비구는 '신체에 대한 염'을 익힌다.

19. 다시 비구들이여, 비구는 마치 묘지에 버려진 시체가 해골이 되어 살은 없이 피만 엉긴 채 힘줄로 얽히어 서로 이어져 있는 것을 보는 듯이 [관상하면서] 자신의 몸을 그에 비추어 바라본다. '이 몸 또한 그와 같고, 그와 같이 될 것이며, 그에서 벗어나지 못하리라'라고.

20. 그가 이와 같이 방일하지 않고 열심히 결연하게 살고 있으면 마침내 저 세속에 얽힌 기억과 생각들이 사라진다. 그런 것들이 사라지기 때문에 마음은 안으로 안정되어 고요해지고 전일해져 삼매를 이루게 된다. 비구들이여, 바로 이와 같이 비구는 '신체에 대한 염'을 익힌다.

21. 다시 비구들이여, 비구는 마치 묘지에 버려진 시체가 해골이 되어 살과 피는 없고 힘줄만 남아 서로 이어져 있는 것을 보는 듯이 [관상하면서] 자신의 몸을 그에 비추어 바라본다. '이 몸 또한 그와 같고, 그와 같이 될 것이며, 그에서 벗어나지 못하리라'라고.

22. 그가 이와 같이 방일하지 않고 열심히 결연하게 살고 있으면 마침내 저 세속에 얽힌 기억과 생각들이 사라진다. 그런 것들이 사라지기 때문에 마음은 안으로 안정되어 고요해지고 전일해져 삼매를 이루게 된다. 비구들이여, 바로 이와 같이 비구는 '신체에 대한 염'을 익힌다.

23. 다시 비구들이여, 비구는 마치 묘지에 버려진 시체가 해골이 되어 힘줄도 사라지고 뼈들이 흩어져서 여기에는 손뼈, 저기에는 발뼈, 또 저기에는 정강이뼈, 저기에는 넓적다리뼈, 저기에는 엉덩이뼈, 저기에는 등뼈, 저기에는 갈빗대, 저기에는 가슴뼈, 저기에는 팔뼈, 저기에는 어깨뼈, 저기에는 목뼈, 저기에는 턱뼈, 저기에는 치齒골, 저기에는 두개골 등이 사방에 널려있는 것을 보는 듯이 [관상하면서] 자신의 몸을 그에 비추어 바라본다. '이 몸 또한 그와 같고, 그와 같이 될 것이며, 그에서 벗어나지 못하리라'라고.

24. 그가 이와 같이 방일하지 않고 열심히 결연하게 살고 있으면 마침내 저 세속에 얽힌 기억과 생각들이 사라진다. 그런 것들이 사라지기 때문에 마음은 안으로 안정되어 고요해지고 전일해져 삼매를 이루게 된다. 비구들이여, 바로 이와 같이 비구는 '신체에 대한 염'을 익힌다.

25. 다시 비구들이여, 비구는 마치 묘지에 버려진 시체가 해골이 되어 뼈가 조개껍데기 색깔같이 하얗게 백골이 된 것을 보는 듯이 [관상하면서] 자신의 몸을 그에 비추어 바라본다. '이 몸 또한 그와 같고, 그와 같이 될 것이며, 그에서 벗어나지 못하리라'라고.

26. 그가 이와 같이 방일하지 않고 열심히 결연하게 살고 있으면 마침내 저 세속에 얽힌 기억과 생각들이 사라진다. 그런 것들이 사라지기 때문에 마음은 안으로 안정되어 고요해지고 전일해져 삼매를 이루게 된다. 비구들이여, 바로 이와 같이 비구는 '신체에 대한 염'을 익힌다.

27. 다시 비구들이여, 비구는 마치 묘지에 버려진 시체가 해골이 되어 단지 뼈 무더기가 되어 있는 것을 보는 듯이 [관상하면서] 자신의 몸을 그에 비추어 바라본다. '이 몸 또한

그와 같고, 그와 같이 될 것이며, 그에서 벗어나지 못하리라'라고.

28. 그가 이와 같이 방일하지 않고 열심히 결연하게 살고 있으면 마침내 저 세속에 얽힌 기억과 생각들이 사라진다. 그런 것들이 사라지기 때문에 마음은 안으로 안정되어 고요해지고 전일해져 삼매를 이루게 된다. 비구들이여, 바로 이와 같이 비구는 '신체에 대한 염'을 익힌다.

29. 다시 비구들이여, 비구는 마치 묘지에 버려진 시체가 해골이 되었다가 세월이 지나 삭아서 티끌로 변한 모습을 보는 듯이 [관상하면서] 자신의 몸을 그에 비추어 바라본다. '이 몸 또한 그와 같고, 그와 같이 될 것이며, 그에서 벗어나지 못하리라'라고.

30. 그가 이와 같이 방일하지 않고 열심히 결연하게 살고 있으면 마침내 저 세속에 얽힌 기억과 생각들이 사라진다. 그런 것들이 사라지기 때문에 마음은 안으로 안정되어 고요해지고 전일해져 삼매를 이루게 된다. 비구들이여, 바로 이와 같이 비구는 '신체에 대한 염'을 익힌다.

31. 다시 비구들이여, 비구는 모든 애욕을 떨치고 모든 좋지 못한 가치[不善法]들을 떨쳐버리고 심尋*과 사伺**가 있는 채로, 떨쳐버렸음에서 생긴*** 희열[喜 pīti]과 행복감[樂 sukha]을 특징으로 하는 초선初禪을 성취하여 머문다.

32. 그는 이 몸을, 떨쳐버렸음에서 생긴 희열과 행복감으로 흠뻑 적시고, 두루 채우고 충만 시키고 고루 배게 한다. 온몸 속속들이 떨쳐버렸음에서 생긴 희열과 행복감이 배어들지 않은 데가 없다.

    비구들이여, 마치 솜씨 좋은 때밀이나 그 도제가 금속 대야에 목욕가루를 쏟아 붓고는 물을 알맞게 부어가며 계속 이기면 그 목욕가루덩이가 반죽이 잘 되어 물기가 안팎으로 흠뻑 배어들어 결코 물기가 다시 새어 나오지 않는 것

---

* 심vitakka : 사유과정의 시발 단계. 영역은 initial application, initial thought, applied thought, thought conception 등 역자마다 다르다.

** 사vicāra : 일단 일어난 생각이 지속되고 있는 과정. 영역은 sustained application, discursive thought, sustained thought, discursive thinking 등. 심과 사는 주로 합성어로 쓰이고 있는데, 논서에서 비유로 설명하기를 심은 종을 쳐서 소리가 나는 것에, 사는 종이 계속 울리는 여운에, 또 심은 벌이 꽃을 향해 날아가는 것에, 사는 벌이 윙윙거리며 그 꽃을 맴돌고 있는 것 등으로 비유한다.
   초선에서 심은 마음을 거듭 염처에 데려오는 역할을 하고, 사는 그것을 고정시켜 닻을 내리게 하는 과정이다. 따라서 사는 심보다 더 미세하고 깊다.

*** 떨쳐버렸음에서 생긴vivekajaṃ : 논서의 해석에 의하면 '다섯 가지 장애[五蓋]를 벗어나 있는 데서 오는 희열과 행복감'이라고 한다.

처럼, 비구들이여, 이와 같이 비구는 이 몸을, 떨쳐버렸음에서 생긴 희열과 행복감으로 흠뻑 적시고 두루 채우고 충만 시키고 고루 배게 한다. 온몸 속속들이 떨쳐버렸음에서 생긴 희열과 행복감이 배어들지 않은 데가 없다.

33. 그가 이와 같이 방일하지 않고 열심히 결연하게 살고 있으면 마침내 저 세속에 얽힌 기억과 생각들이 사라진다. 그런 것들이 사라지기 때문에 마음은 안으로 안정되어 고요해지고 전일해져 삼매를 이루게 된다. 비구들이여, 바로 이와 같이 비구는 '신체에 대한 염'을 익힌다.

34. 다시 비구들이여, 비구는 심과 사를 가시게 하여 내면의 적정과 마음의 전일성이 있는, 무심無尋 무사無伺의 삼매에서 생긴 희열과 행복감을 특징으로 하는 제2선第二禪을 성취하여 머문다.

35. 그는 이 몸을 삼매에서 생긴 희열과 행복감으로 흠뻑 적시고 두루 채우고 충만 시키고 고루 배게 한다. 온몸 속속들이 삼매에서 생긴 희열과 행복감이 배어들지 않은 데가 없다. 비구들이여, 마치 밑바닥에 있는 샘에서 나오는 물로 채워지는 못이 있는 바, 동쪽에서 흘러들어오는 물도 없고, 서

쪽에서 흘러들어오는 물도 없고, 북쪽에서 흘러들어오는 물도 없고, 남쪽에서 흘러들어오는 물도 없으며, 또 하늘에서 때때로 소나기도 내리지 않는다면 그 못의 밑바닥 샘으로부터 솟아나는 차가운 물이 그 못을 흠뻑 적시고, 두루 채우고, 충만하게 하고 고루 배게 할 것이다. 전체 호수의 그 어느 한 부분도 이 차가운 물이 배어들지 않은 곳이 없으리라.

비구들이여, 바로 이와 같이 비구는 이 몸을 삼매에서 생긴 희열과 행복감으로 흠뻑 적시고, 두루 채우고, 충만하게 하고 고루 배게 한다. 온몸 속속들이 삼매에서 생긴 희열과 행복감이 배어들지 않은 데가 없다.

36. 그가 이와 같이 방일하지 않고 열심히 결연하게 살고 있으면 마침내 저 세속에 얽힌 기억과 생각들이 사라진다. 그런 것들이 사라지기 때문에 마음은 안으로 안정되어 고요해지고 전일해져 삼매를 이루게 된다. 비구들이여, 바로 이와 같이 비구는 '신체에 대한 염'을 익힌다.

37. 다시 비구들이여, 비구는 희열을 떨치고 정념 정지하여 평온[捨 upekkhā]에 머문다. 아직도 몸으로는 행복감을 경험하면서, 성자들이 '평온을 이루어 마음챙겨 행복하게 산

다'고 일컫는 제3선第三禪을 성취하여 머문다.

38. 그는 이 몸을 무희열의 행복감으로 흠뻑 적시고 두루 채우고 충만하게 하고 고루 배게 한다. 온몸 속속들이 무희열의 행복감이 배어들지 않은 데가 없다.

비구들이여, 만약 청련 못이나 홍련 못이나 백련 못에 있는 청련이나 홍련이나 백련들이 물속에서 발아하여 물속에서 자라 물 밖으로 나오지 않고 물속에 잠긴 채로 우거져 있는데 차가운 물이 그 꽃들을 꼭대기에서 뿌리까지 흠뻑 적시고 두루 채우고 충만하게 하고 고루 배어든다면 그 어느 청련이나 홍련이나 백련도 물이 배어들지 않은 것이 없으리라.

비구들이여, 바로 이와 같이 비구는 이 몸을 무희열의 행복감으로 흠뻑 적시고 두루 채우고 충만하게 하고 고루 배게 한다. 온몸 속속들이 무희열의 행복감이 배어들지 않은 데가 없다.

39. 그가 이와 같이 방일하지 않고 열심히 결연하게 살고 있으면 마침내 저 세속에 얽힌 기억과 생각들이 사라진다. 그런 것들이 사라지기 때문에 마음은 안으로 안정되어 고요해지고 전일해져 삼매를 이루게 된다. 비구들이여, 바로

이와 같이 비구는 '신체에 대한 염'을 익힌다.

40. 다시 비구들이여, 비구는 행복감을 떠나고 괴로움도 떠나고, 그 이전에 이미 기쁨과 슬픔은 여의어서 불고불락不苦不樂인, 그리고 평온[捨]에 기인한 염念의 청정함이 있는 제4선第四禪을 성취하여 머문다.

41. 그는 이 몸을 극히 청정하고 극히 순결한 마음으로 고루 채우고서 앉아 있다. 온몸 속속들이 극히 청정하고 극히 순결한 마음으로 채워지지 않은 데가 없다.
    비구들이여, 만약 어떤 사람이 머리에서 발끝까지 하얀 천을 덮어쓰고 앉아 있다면 그의 몸 어느 부분도 하얀 천으로 덮이지 않은 곳이 없으리라.
    비구들이여, 바로 이와 같이 비구는 이 몸을 극히 청정하고 극히 순결한 마음으로 고루 채우고서 앉아 있다. 온몸 속속들이 극히 청정하고 극히 순결한 마음이 배어들지 않은 데가 없다.

42. 그가 이와 같이 방일하지 않고 열심히 결연하게 살고 있으면 마침내 저 세속에 얽힌 기억과 생각들이 사라진다. 그런 것들이 사라지기 때문에 마음은 안으로 안정되어 고요

해지고 전일해져 삼매를 이루게 된다. 비구들이여, 바로 이와 같이 비구는 '신체에 대한 염'을 익힌다.

43. 비구들이여, 누구든지 '신체에 대한 염'을 익히고 끊임없이 닦는 사람은 지혜[明]에 기여하는 모든 선법善法을 수용하게 된다.
비구들이여, 마치 큰 바다에 대한 생각으로 마음이 가득 차 있는 사람은 그 바다로 흘러드는 모든 강물도 수용하고 있는 것과 같다.
비구들이여, 바로 이와 같이 누구든지 '신체에 대한 염'을 익히고 끊임없이 닦는 사람은 지혜[明]에 기여하는 모든 선법을 수용하게 된다.

44. 비구들이여, '신체에 대한 염'을 익히지 않고 끊임없이 닦지 않은 사람은 누구나 마아라*에게 기회를 주고 마아라에게 틈을 주게 된다.

---

* 마아라māra : '사악한 자', '해탈의 적', '유혹하는 자' 등으로 불리는 악과 욕정의 화신. 또 전체 세속적 존재 및 죽음을 인격화해서 마아라로 부르기도 한다. 뿐만 아니라 구체적인 신으로도 간주되는데 욕계 최상천인 타화자재천他化自在天의 왕으로, 중생의 향상을 가로막아서 자기 영역 안에 붙들어 두려고 애쓰는 신이다.

45. 비구들이여, 어떤 사람이 무거운 돌멩이를 질퍽한 진흙무더기에 던진다면 비구들이여, 어떻게 생각하는가? 그 무거운 돌은 질퍽한 진흙무더기에서 파고들 틈을 얻게 되겠는가?

"그렇습니다. 세존이시여!"

"바로 이와 같이 비구들이여, '신체에 대한 염'을 익히지 않고 끊임없이 닦지 않은 사람은 누구나 마아라에게 기회를 주고 마아라에게 틈을 주게 된다."

46. 비구들이여, 말라서 물기가 없는 나무토막이 있는데 어떤 사람이 부시막대를 가져와서 '불을 피워 열을 내야겠다'고 한다면, 비구들이여, 어떻게 생각하는가? 그 사람은 말라서 물기가 없는 그 나무토막에다 부시막대를 비벼대서 불을 피우고 열을 낼 수 있겠는가?

"그렇습니다. 세존이시여!"

"바로 이와 같이 비구들이여, '신체에 대한 염'을 익히지 않고 끊임없이 닦지 않는 사람은 누구나 마아라에게 기회를 주고 마아라에게 틈을 주게 된다."

47. 비구들이여, 빈 물독이 독대에 놓여있는데 어떤 사람이 물짐을 지고 왔다면, 비구들이여, 어떻게 생각하는가? 그 사

람은 물독에 물을 부을 수 있겠는가?

"그렇습니다. 세존이시여!"

"바로 이와 같이 비구들이여, '신체에 대한 염'을 익히지 않고 끊임없이 닦지 않는 사람은 누구나 마아라에게 기회를 주고 마아라에게 틈을 주게 된다."

48. 비구들이여, 누구든지 '신체에 대한 염'을 익히고 끊임없이 닦는 사람은 누구나 마아라에게 기회를 주지 않고 마아라에게 틈을 주지 않는다.

49. 비구들이여, 어떤 사람이 가벼운 실타래를 나무심[心材]으로 만든 견고한 문짝에 던진다면, 비구들이여, 어떻게 생각하는가? 그 가벼운 실타래가 나무심으로 된 견고한 문짝에서 틈을 얻을 수 있겠는가?

"그럴 수 없습니다. 세존이시여!"

"바로 이와 같이 비구들이여, '신체에 대한 염'을 익히고 끊임없이 닦는 사람은 누구나 마아라에게 기회를 주지 않고 마아라에게 틈을 주지 않는다."

50. 비구들이여, 물기가 많은 젖은 나무토막이 있는데 어떤 사람이 부시막대를 가져와서 '불을 피워 열을 내야겠다'고

한다면, 비구들이여, 어떻게 생각하는가? 그 사람은 물기가 많은 젖은 나무토막에다 부시막대를 비벼대서 불을 피우고 열을 낼 수 있겠는가?

"그럴 수 없습니다. 세존이시여!"

"바로 이와 같이 비구들이여, '신체에 대한 염'을 익히고 끊임없이 닦는 사람은 누구나 마아라에게 기회를 주지 않고 마아라에게 틈을 주지 않는다."

51. 비구들이여, 까마귀가 먹을 수 있을 만큼 넘실대는 물로 가득 찬 독이 독대에 놓여있는데 어떤 사람이 물 짐을 지고 왔다면, 비구들이여, 어떻게 생각하는가? 그 사람은 물독에 물을 부을 수 있겠는가?

"그럴 수 없습니다. 세존이시여!"

"바로 이와 같이 비구들이여, '신체에 대한 염'을 익히고 끊임없이 닦는 사람은 누구나 마아라에게 기회를 주지 않고 마아라에게 틈을 주지 않는다."

52. 비구들이여, 누구든지 '신체에 대한 염'을 익히고 닦는 사람은, 신통지神通智 *abhiññā*로 실현시킬 수 있는 경지가 어떤 경지이든, 계제階梯가 닿아 이에 마음을 기울이기만 하면 신통지에 의해 그 경지를 실현해내는 능력을 지닐 수 있다.

53. 비구들이여, 까마귀가 먹을 수 있을 만큼 넘실대는 물로 가득 찬 독이 독대에 놓여 있는데 힘센 사람이 그것을 기울이기만 하면 그 물은 흘러나오겠는가?

"그렇습니다. 세존이시여!"

"바로 이와 같이 비구들이여, 누구든지 '신체에 대한 염'을 익히고 끊임없이 닦는 사람은, 신통지로 실현시킬 수 있는 경지가 어떤 경지이든, 계제가 닿아 이에 마음을 기울이기만 하면 신통지에 의해 그 경지를 실현해 내는 능력을 지닐 수 있다."

54. 비구들이여, 평평한 땅에 까마귀가 먹을 수 있을 만큼 넘실대는 물로 가득 찬, 사방이 둑으로 싸인 연못이 있는데 힘센 사람이 그 둑을 튼다면 물이 흘러나오겠는가?

"그렇습니다. 세존이시여!"

"바로 이와 같이 비구들이여, 누구든지 '신체에 대한 염'을 익히고 끊임없이 닦는 사람은, 신통지로 실현시킬 수 있는 경지가 어떤 경지이든, 계제가 닿아 이에 마음을 기울이기만 하면 신통지에 의해 그 경지를 실현해 내는 능력을 지닐 수 있다."

55. 비구들이여, 평평한 땅 큰길 네거리에 마차가 있어, 혈통

좋은 말을 매고 채찍도 갖추어 떠날 준비가 다 되었는데 능숙한 조련사인 솜씨 좋은 마부가 이에 올라탄다면, 왼손에는 고삐를 쥐고 오른손에 채찍을 잡고서 그는 가고 싶은 대로 마차를 몰 것이다.

바로 이와 같이 비구들이여, 누구든지 '신체에 대한 염'을 익히고 끊임없이 닦는 사람은, 신통지로 실현시킬 수 있는 경지가 어떤 경지이든, 계제가 닿아 이에 마음을 기울이기만 하면 신통지에 의해 그 경지를 실현해 내는 능력을 지닐 수 있다.

56. 비구들이여, '신체에 대한 염'을 습관화하고 익히고 많이 닦고 (향상의) 수레로 삼고 기반으로 삼고 확립하고 공고히 다지고 적절히 시도할 경우, 다음의 열 가지 이익을 기대할 수 있다. 그 열 가지란 어떤 것인가?

57. 그는 싫고 좋음을 극복한다. 그는 싫은 생각에 사로잡히지 않으며, 싫은 생각이 일어나는 족족 이를 극복해버리고 지낸다.

58. 그는 두려움과 공포를 극복한다. 그는 두려움이나 공포에 사로잡히지 않으며, 두려움이나 공포가 일어나는 족족 이를 극복해버리고 지낸다.

59. 그는 추위나 더위, 배고픔이나 목마름 또는 파리*·모기·바
람·볕볕·기어 다니는 짐승들에 닿는 감촉[觸]을 참아내며,
몹쓸 소리로 박대하는 말씨나 이미 몸에 닥친 괴로운 느낌
[苦受], 즉 예리하거나 거칠거나 격렬하거나 불쾌하거나 비
참하거나 치명적인 느낌마저도 태연히 견뎌낸다.

60. 그는 보다 높은 마음인 선禪을, 행복한 주처住處를 제공해
주는 네 가지 선[四禪]을 그것도 지금 여기(현세)에서 바로
힘들이지 않고 쉽사리 마음 내키는 대로 누리게 된다.

61. 그는 여러 가지 신통변화를 얻는다. 하나가 되었다가 여럿
이 되기도 하고, 여럿이 되었다가 하나가 되기도 한다. 그
는 나타났다 사라졌다 한다. 벽이나 담이나 산을 아무 장
애도 받지 않고 통과하기를 허공중에서처럼 한다. 땅에서
도 잠겼다 떠올랐다 하기를 물속에서처럼 한다. 물위에서
빠지지 않고 걸어가기를 땅 위에서처럼 하며, 가부좌한 채
허공을 날기를 날개 달린 새처럼 한다. 저 강렬하고 장대
한 태양과 달을 손으로 만져 쓰다듬기도 하며, 심지어는
육신을 지닌 채 저 멀리 브라흐마의 세계[梵天]에까지도 출

---

\* 파리 : 원문은 등에.

현자재한다[身變通].

62. 그는 또 인간의 능력을 넘어선 청정한 하늘귀[天耳界]로 천
    상이나 인간의 소리를, 멀든 가깝든 간에 다 들을 수 있다
    [天耳通].

63. 그는 또 마음으로 다른 사람이나 다른 생명체[有精]의 마음
    에 통함으로써 그 마음을 파악한다. 그는 탐욕이 있는 마
    음은 탐욕이 있는 마음인 줄 알고, 탐욕을 떠난 마음은 탐
    욕을 떠난 마음인 줄 안다. 성냄이 있는 마음은 성냄이 있
    는 마음인 줄 알고, 성냄을 떠난 마음은 성냄을 떠난 마
    음인 줄 안다. 어리석음이 있는 마음은 어리석음이 있는
    마음인 줄 알고, 어리석음을 떠난 마음은 어리석음을 떠
    난 마음인 줄 안다. 위축된 마음*은 위축된 마음인 줄 알
    고 산란한 마음은 산란한 마음인 줄 안다. 높여진 마음**은
    높여진 마음인 줄 알고, 높여지지 않은 마음은 높여지지
    않은 마음인 줄 안다. (아직도) 위가 있는 마음***은 위 있는

---

\* 위축된 마음 : 혼침 등 무기력으로 인한 위축.

\*\* 높여진 마음 : 감관적 상태에서 선의 상태로 고양된 마음.

\*\*\* 위가 있는 마음[有上心] : 선에 있어서 또는 깨달음에 있어서 아직 더 올라갈 여지가
남아있는 경우.

마음인 줄 알고, (더 이상) 위가 없는 마음[無上心]은 위 없는 마음인 줄 안다. 삼매에 든 마음은 삼매에 든 마음인 줄 알고, 삼매에 들지 않은 마음은 삼매에 들지 않은 마음인 줄 안다. 해탈한 마음은 해탈한 마음인 줄 알고, 해탈하지 않은 마음은 해탈하지 않은 마음인 줄 안다[他心通].

64. 그는 (한량없는) 전생의 갖가지 삶들을 기억할 수 있다. 한 생, 두 생, 세 생, 네 생, 다섯 생, 열 생, 스무 생, 서른 생, 마흔 생, 쉰 생, 백 생, 천 생, 십만 생, 우주수축의 여러 겁, 우주팽창의 여러 겁, 우주수축과 팽창의 여러 겁 전까지.
'거기에서 나는 이름이 무엇이었고, 종족의 성[種姓]이 무엇이었으며, 용모는 어떠했으며, 어떤 음식을 취했고, 내가 겪은 즐거움과 괴로움은 어떤 것이었고, 수명의 종말은 어떠했고, 거기서 죽어서는 어디에 태어났으며, 거기서는 다시 이름이 무엇이었고, … 거기서 죽어서는 여기에 다시 태어났다.'
이와 같이 그는 (한량없는) 전생의 갖가지 삶들을 사소한 일에 이르기까지 상세하게 기억해낼 수 있다[宿命通].

65. 그는 또 인간의 능력을 넘어선 청정한 하늘눈[天眼]으로 모든 중생들이 천박하거나 고상하게, 아름답거나 추하게, 좋

은 곳[善趣]에 가거나 나쁜 곳[惡趣]에 가면서 죽고 나고 하는 것을 본다. 그는 중생들이 어떻게 지은 바 업에 따라서 가는지를 안다.

'이분들은 몸으로 못된 짓을 골고루 하고 입으로 못된 짓을 골고루 하고 또 뜻[意]으로 못된 짓을 골고루 하고, 성자들을 비방하고, 삿된 견해를 지니어 사견업邪見業을 지었다. 이들은 죽어서 몸이 무너진 다음에는 불행한 상태[苦界], 비참한 세계[惡趣], 파멸처* 심지어 지옥에 생겨났다. 그러나 이분들은 몸으로 좋은 일을 골고루 하고, 입으로 좋은 일을 골고루 하고, 뜻[意]으로 좋은 일을 골고루 하고, 성자를 비방하지 않고, 바른 견해를 지니고, 정견업正見業을 지었다. 이들은 죽어서 몸이 무너진 다음에는 좋은 세계,** 하늘 세계[天界]에 생겨났다.'

이와 같이 그는 인간의 능력을 넘어선 청정한 하늘눈으로 모든 중생들이 천박하거나 고상하게, 아름답거나 추하게, 좋은 곳에 가거나 나쁜 곳에 가면서 죽고 나고 하는 것을 본다. 이렇듯 그는 중생들이 어떻게 지은 바 업에 따라서 가는지를 안다[天眼通].

---

\* 불행한 상태*apāya*, 비참한 세계*duggati*, 파멸처*vinipāta*는 모두 동의어로 아수라, 축생, 아귀, 지옥의 4악도를 가리킨다.

\*\* 좋은 세계[善趣] : 인간, 천상세계.

66. 그는 또한 모든 번뇌가 다하여 아무 번뇌가 없는 '마음의 해탈[心解脫]'과 '지혜의 해탈[慧解脫]'을 바로 지금 여기에서 스스로 신통지에 의해 증명하며 구족하여 머문다[漏盡通].

67. 비구들이여, '신체에 대한 염'을 습관화하고 익히고 많이 닦고 (향상의) 수레로 삼고 기반으로 삼고 확립하고 공고히 다지고 적절히 시도할 경우 이들 열 가지 이익을 기대할 수 있다.
이와 같이 세존께서는 말씀하셨다. 세존의 말씀을 들은 비구들은 환희에 차서 기뻐했다.

# 염수경念受經

## 1. 삼매

3.* 비구들이여, 이들 세 가지 느낌이 있나니, 무엇이 그 셋인가?
즐거운 느낌, 괴로운 느낌, 또 괴롭지도 즐겁지도 않은 느
낌. 이들이, 비구들이여, 곧 세 가지 느낌이니라.

4. 삼매에 들어 분명히 알며
마음챙기는 부처님의 제자는
느낌**을 알고 느낌(이 어떻게 비롯되는지)
그 기원***을 알며

---

* [역주] 1, 2절이 생략되었고 3절부터 시작된다. 이 경이 《상응부》 속에 실린 수많은
경 가운데 한 편이므로 일일이 형식을 갖추지 않고 이처럼 1, 2절을 생략한 것이다.
그러나 225쪽 제7경에서 보듯이 완벽하게 갖춘 경우도 있다.
** 주석서에 의하면 : 그는 고성제의 방식으로 느낌들을 이해한다.
*** 주석서에 의하면 : 그는 집성제의 방식으로 느낌들을 이해한다.

어디서 느낌이 그치는지,*

그리고 느낌의 멸진滅盡으로

이끄는 길**을 아느니라.

느낌의 멸진에 다다랐을 때 비구는

갈증이 풀려 열반을 성취***한다.****


## 2. 행복

3.  비구들이여 이들 세 가지 느낌이 있나니, 무엇이 그 셋인가?
    즐거운 느낌, 괴로운 느낌, 또 괴롭지도 즐겁지도 않은 느
    낌. 이들이, 비구들이여, 곧 세 가지 느낌이니라.


4.  즐거움이든 괴로움이든
    괴롭지도 즐겁지도 않음마저도,

---

*    주석서에 의하면 : 그는 멸성제의 방식으로 느낌들을 이해한다.

**   주석서에 의하면 : 그는 (멸에 이르는) 도성제의 방식으로 느낌들을 이해한다.

***  반열반parinibbuto : 완전하게 꺼진. 주석서에 의하면: 번뇌를 완전히 꺼버림으로써
     kilesa-parinibbānāya.

**** [역주] 열반 : 흔히 쓰이는 대로 죽음에 든다는 뜻이 아니고, 살아있는 채 불교 궁극
     의 경지인 열반을 성취한다는 뜻.

(또) 내가 겪든 남이 겪든*

그 어떤 느낌에 접하든 간에,**


그 모두를 괴로움으로 아나니,

거짓되고 부서질 수밖에 없는 것.

그것들이 부딪치고 또 부딪쳐 왔다가

사라져 가는 양을 지켜봄으로써***

그는 느낌으로부터 초연함, 즉 열정에서

벗어남[離欲]을 얻는다.


## 3. 버림

3.　비구들이여, 이들 세 가지 느낌이 있나니, 무엇이 그 셋인가?
즐거운 느낌, 괴로운 느낌, 또 괴롭지도 즐겁지도 않은 느
낌. 이들이, 비구들이여, 곧 세 가지 느낌이니라.

---

\* 　[역주] 원문은 '*ajjhattañca bahiddhā ca*.' PTS 영역본과 일역본에서는 '안으로나 밖으
로'로 새김.

\*\* 　모든 종류의 느낌에 관하여, 이 책의 제22경(275쪽) '백여덟 가지 느낌' 참조.

\*\*\* *phussa phussa vayaṁ disvā* 주석서는 달리 해석한다. 이 문구를 *ñāṇena phusitvā phusitvā*
로 바꾸어 "생멸에 대한 지식의 방식으로 (그들을) 되풀이해 경험하며"로 해석함. 이
구절은《숫따니빠아따》739게에도 나오는데 거기에는 한 줄이 더 첨언되어 있다.

4.  비구들이여, 즐거움을 느낄 때 탐하는 고질적 잠재성향*
    을 버려야 한다. 괴로움을 느낄 때 저항(염오)하는 고질적
    잠재성향을 버려야 한다. 괴롭지도 즐겁지도 않은 느낌의
    경우, 무지無知해지는 고질적 잠재성향을 버려야 한다.

5.  비구가 즐거운 느낌을 대하여 탐하는 고질적 잠재성향을
    버렸고, 괴로운 느낌을 대하여 저항하는 고질적 잠재성향을
    버렸으며, 괴롭지도 즐겁지도 않은 느낌을 대하여 무지해지
    는 고질적 잠재성향을 버렸다면, 그때 그는 고질적 잠재성
    향에서 벗어나** 올바로 보는 사람이라 불린다. 그는 갈애
    를 끊었고, (다음 생에 다시 몸을 받게끔 묶는) 족쇄를 풀어버
    렸으며, 아만***을 철저히 꿰뚫어보아 고苦를 끝낸 것이다.

6.  즐거움을 느끼면서도
    느낌의 본성은 알지 못한다면
    그는 탐욕에 마음이 쏠려
    해탈을 얻지 못하리라.

---

*    빠알리어는 *anusaya*.
     [역주] 고질적 잠재성향 : *anusaya*를 영역에서는 the underlying tendency로, 한역에서는
     使隨眠으로 옮긴다.
**   [역주] PTS 본에는 *pahīnarāgānusayo*, 미얀마 6차 결집본에는 *niranusayo*로 되어 있음.
***  '자만'conceit은 특히 아만*asmimāno*, 즉 지·정 양면의 인격체에 대한 믿음.

괴로움을 느끼면서도
느낌의 본성은 알지 못한다면
그는 미움에 마음이 쏠려
해탈을 얻지 못하리라.

그리고 저 괴롭지도 즐겁지도 않은 느낌*
대지혜자 그것을 평화롭다고 말씀하셨지만,
그것 또한 맛들여 매달린다면,
그는 결코 고苦로부터
벗어나지 못하리라.

그러나 열심인 비구가
분명히 알아차리는 공부를 소홀히 하지 않으면
그는 모든 느낌의 본성을 두루 꿰뚫어 보는
현자가 되리니.
또 느낌들을 꿰뚫어 보았기에
그는 바로 이생에서 번뇌가 다할 것이며,

---

*    [역주] 영역자는 괴롭지도 즐겁지도 않은 느낌을 여기서부터는 거의 대부분 neutral feeling이라 옮기고 있다. 그러나 이 글에서는 원문에 충실하여 계속 괴롭지도 즐겁지도 않은 느낌[不苦不樂受]이라 옮기기로 한다. 그것은 neutral이 단순히 평면적인 의미에서 '중간의, 중립의' 뜻으로 이해될 소지가 많기 때문이다. (이 책 253쪽의 목수 빤짜깡가의 얘기를 참작할 필요가 있다)

215

지혜가 무르익고,

법法의 길을 확고히 걸어

(언젠가) 수명이 다하여 몸이 무너질 때에는

어떤 헤아림으로도 개념으로도

그를 가늠할 길은 없으리라.


## 4. 바닥없는 구렁텅이

3.  비구들이여, (법을) 배우지 못한 범부가 '큰 바닷속 바닥없
    는 구렁텅이*가 있다'고 말한다면 그는 실제로 있지도 않
    고 이치에 맞지도 않는 것을 말하고 있는 것이다.**

4.  비구들이여, 그 바닥없는 구렁텅이는 차라리 괴로움으로
    찬 육체적 느낌을 이르는 말이라고 해야 옳을 것이다.

5.  배우지 못한 범부가 육체적인 괴로움을 겪으면 근심하
    고 상심하고 슬퍼하고 가슴을 치며 울부짖고 광란한다.

---

*   *pātāla*. 심연, 험애險崖.
**  주석서는 말을 바꾸어 이렇게 풀고 있다. "일반의 믿는 바에 따르면, 바닷속에는 물살로
    패인 매우 깊은 심연이 있어서 용신龍神과 같은 수중 동물의 서식처가 되고 있다고 한
    다. 따라서 이들에게는 이 심연은 안락한 주처로 생존의 기반이 되고 있는 셈이다. 그런
    데도 이 심연을 바닥없는 구렁텅이라 부른다면 그것은 비현실적이 되고, 사실과도 부합
    하지 않는다. 왜냐하면 그 말의 뜻이 적절하지도 명확하지도 않기 때문이다. 차라리 육
    체적 존재와 불가분인 육체적 고통을 두고 '바닥없는 고통의 구렁텅이'라 불러야 마땅
    할 것이다. 왜냐하면 육체적 고통이란 측량할 길 없는 윤회의 한 부분이 되니까."

그 사람을 일러 바닥없는 구렁텅이를 감당해 내지 못하고 그 속에서 발 디딜 곳을 찾지 못하는, 배우지 못한 범부라 해야 할 것이다.

6. 그러나 잘 배운 성스러운 제자*는 육체적인 괴로움을 겪더라도 근심하지 않고 상심하지 않고 슬퍼하지 않고 가슴 치며 울부짖지 않고 광란하지도 않는다. 그를 일러 그 바닥없는 구렁텅이를 감내하며 그 속에서 발 디딜 곳을 찾아내는, 참으로 잘 배운 성스러운 제자라 부른다.

고통스런 육체적 느낌이
목숨을 앗아갈 듯 일어나는 것을
견뎌내지 못하는 사람,
그는 괴로움을 당하면 부들부들 떤다.
그는 울부짖고 큰소리로 통곡한다.
허약하고 무력한 사람,
그는 그 구렁텅이에 맞서지 못하며,

---

* 주석서에 의하면 : 이 경에서 '잘 배운 성스러운 제자'란 말은 첫째로는 예류과에 이른 자를 의미한다. 그러나 또한 예리한 통찰력과 날카로운 지성을 갖추어 어떤 느낌이 일어나든 거기에 끄달리지 않을 수 있는 선정 수행자도 포함되어야 할 것이다. (왜냐하면 그는 어느 정도까지는 느낌을 꿰뚫고 있다고 보아야 할 테니까. - 주석서의 복주)

발판도 마련하지 못한다.*


그러나 바로 자신의 목숨이
위협 받는데도 떨지 않고,
괴로운 신체적 느낌이 일어나는 것을
견뎌내는 사람,
그는 진실로 그 구렁텅이를
버티어 낼 뿐만 아니라
그 깊은 속에서도
능히 안전한 발판을 확보한다.


## 5. 어떻게 보아야 할 것인가

3.  비구들이여 이들 세 가지 느낌이 있나니, 무엇이 그 셋인가?
    즐거운 느낌, 괴로운 느낌, 또 괴롭지도 즐겁지도 않은 느
    낌. 이들이 비구들이여, 곧 세 가지 느낌이니라.
    즐거운 느낌을 괴로움으로 볼 줄 알아야 하며, 괴로운 느
    낌을 가시로 볼 줄 알아야 하며, 괴롭지도 즐겁지도 않은
    느낌을 무상한 것으로 볼 줄 알아야 한다.

---

\*   [역주] 우드워드F. L. Woodward는 "구렁텅이를 벗어나지도, 굳은 땅에 도달하지도 못
    한다"로 옮기고 있다.

4. 비구가 즐거운 느낌을 괴로움으로 볼 줄 알며 괴로운 느낌을 가시로 볼 줄 알며 괴롭지도 즐겁지도 않은 느낌을 무상한 것으로 볼 줄 안다면 그는 바로 보는 사람이라 불린다. 그는 갈애를 끊었고 (몸을 받게 하는) 족쇄를 풀었으며, 아만을 철저히 꿰뚫어 보아 고를 끝낸 것이다.

행복에서 고통을 읽어 내며
고통스런 느낌을 가시처럼 여기며,
괴롭지도 즐겁지도 않은 저 평화로운 느낌에서
무상을 인식하는 사람
이 느낌들을 충분히 이해하는
그러한 비구야말로
진실로 올바른 안목을 지닌 것이다.

또 느낌들을 꿰뚫어 보았기에
그는 바로 이생에서 번뇌가 다하며,
지혜가 무르익고 법의 길을 확고히 걸어
언젠가 수명이 다해서
몸이 무너질 때에는
어떤 헤아림으로도 개념으로도
그를 가늠할 길은 없으리라.

## 6. 화살

3. 비구들이여, (법을) 배우지 못한 범부도 즐거운 느낌을 느끼며, 괴로운 느낌을 느끼며, 괴롭지도 즐겁지도 않은 느낌을 느낀다.

4. 마찬가지로 잘 배운 성스러운 제자도 즐거운 느낌, 괴로운 느낌, 괴롭지도 즐겁지도 않은 느낌을 느낀다.

5. 그러면 잘 배운 성스러운 제자와 배우지 못한 범부 사이에는 어떤 구별이 있으며 어떤 다른 점이 있으며, 어떤 차이가 있는가.

6. 존자시여,* 우리들의 법은, 세존을 근원으로 하며, 세존을 봇도랑 내는 이**로 하며, 세존을 귀의처로 합니다. 부디 존자시여, 세존께서 말씀하신 바의 뜻을 (친히) 밝혀 주신다면 참으로 좋겠습니다. 세존께서 말씀해 주시면*** 비구들은 마음에 새겨 지닐 것입니다.

7. (법을) 배우지 못한 범부는 육체적인 괴로움을 겪게 되면 (그

---

\* [역주] 상대를 높여 부르는 호칭인 *bhante*를 옮긴 말로 여기서는 세존을 가리킴. 대승경전 같으면 '세존이시여'라고 표현할 법한 경우인데, 빠알리경에서는 '존자시여 *bhante*'라고 부르고 있다. 다른 큰스님들에게 대해서나 다를 바 없고 다만 그 이름을 *bhante* 다음에 붙이지 않는다는 점만 다르다. '세존이시여'란 호칭은 후기 경에서 사용된 것 같다.

\*\* [역주] *nettika*. '길 이끄는 사람', '치수자治水者', '거공渠工'의 뜻인데 '봇도랑 내는 이'로 새겼음.

\*\*\* [역주] 원문은 '세존에게서 들으면'.

것으로 멈추지 않고 정신적으로까지) 근심하고 상심하며 슬퍼하고 가슴을 치며 울부짖고 광란한다. 결국 그는 이중으로 느낌을 겪고 있는 것이다. 즉, 육체적 느낌과 정신적 느낌이다.

8. 그것은 마치 어떤 사람이 화살에 꿰찔리고 연이어 두 번째 화살에 또다시 꿰찔리는 것과 같다. 그래서 그 사람은 두 화살 때문에 오는 괴로움을 모두 겪을 것이다. 이와 같이 비구들이여, 배우지 못한 범부는 육체적으로 괴로운 느낌을 겪을 때, 근심하고 상심하고 슬퍼하고 가슴을 치며 울부짖고 광란한다. 그래서 이중으로 느낌을 겪는다. 즉, 육체적 느낌과 정신적 느낌이다.

괴로운 느낌을 접하게 되면, 그는 그것에 저항(하고 분개)한다. 그처럼 괴로운 느낌에 저항(하고 분개)하는 그에게는 그 괴로운 느낌에 저항하는 고질적 잠재성향이 (마음속에) 자리 잡는다. 그 괴로운 느낌에 밀려 이제 그는 감각적 즐거움을 누리려는 쪽으로 나아가게 된다. 무엇 때문에 그가 그처럼 구는가? 비구들이여, 배우지 못한 범부는 감각적 즐거움을 누리는 길 말고는 그 괴로운 느낌으로부터 벗어나는 다른 방법을 알지 못하기 때문이다. 다시 감각적 즐거움을 누리는 사람에게는, 즐거운 느낌을 탐하려 드는 고질적 잠재성향이 자리 잡는다. 그는 그러한 느낌의 일어남 *samudaya*과 꺼짐*atthagama*을, 그리고 이러한 느낌의 달콤함과 위험함 그리고 (느낌들로부터) 벗어남을 있는 그대로 알지 못한다. 이처럼 느낌의 일어남과 꺼짐을 그리고 느낌에 수반하는 달콤함과 위험함 그리고 (느낌들로부터) 벗어남을 있는 그대로 알지 못하는 사람에게는 괴롭지도 즐겁지도 않은 느낌에 관해 무지해지는 고질적 잠재성향이 자리 잡는다. 즐거운 느낌을 경험하거나 괴로운 느낌을 경험하거나 괴롭지도 즐겁지도 않은 느낌을 경험하거나 간에 그는 느낌에 매인 사람으로서 그 느낌을 느낀다. 비구들이여, 이러한 사람을 일컬어 태어남, 늙음, 죽음, 근심, 탄식, 괴로움, 슬픔, 절망에 매인 배우지 못한 범부라 한다. 참으로 그는 괴로움에 매여 있나니, 이를 나는 분명히 천명하노라.

9. 비구들이여, 그러나 잘 배운 성스러운 제자는 육체적으로 괴로운 느낌을 겪더라도 근심하지 않고 상심하지 않고 슬퍼하지 않고 가슴 치며 울부짖지 않고 광란하지 않는다. 그는 오직 한 가지 느낌, 즉 육체적 느낌만을 경험할 뿐이며 결코 정신적 느낌은 겪지 않는다.

10. 마치 어떤 사람이 화살에 맞았지만 그 첫 번째 화살에 연이은 두 번째 화살에는 맞지 않은 것과 같다. 그래서 그는 화살 하나에 맞은 괴로운 느낌만을 겪을 뿐이다. 그처럼 비구들이여, 잘 배운 성스러운 제자는 괴로운 느낌에 접하더라도 결코 근심하지 않고 상심하지 않고 슬퍼하지 않고

가슴 치며 울부짖지 않고 광란하지 않는다. 그는 오직 한 가지 느낌, 즉 육체적인 느낌만을 경험하는 것이다.

괴로운 느낌에 접했다 해서 그는 그것에 저항(하고 분개)하지 않는다. 그러므로 그에게는 그 괴로운 느낌에 저항하는 고질적 잠재성향이 (마음속에) 자리잡지 않는다. 그 괴로운 느낌에 밀려 감각적 즐거움을 누리는 쪽으로 나아가지도 않나니. 왜 그런가? 잘 배운 성스러운 제자는 감각적 즐거움을 누리는 것 말고도 괴로운 느낌으로부터 벗어나는 길을 알고 있기 때문이다. 그렇듯 감각적 즐거움을 누리는 쪽으로 나아가지 않는 사람에게는 즐거운 느낌을 탐하는 고질적 잠재성향이 자리 잡지 않는다. 그는 그러한 느낌들의 일어남과 꺼짐 그리고 이 느낌들이 수반하는 달콤함과 위험함 그리고 (느낌들로부터) 벗어남을 있는 그대로 안다. 그러한 느낌들의 일어남과 꺼짐 그리고 이 느낌들의 달콤함과 위험함 그리고 (느낌들로부터) 벗어남을 있는 그대로 알기 때문에 괴롭지도 즐겁지도 않은 느낌에 관해 무지해지는 고질적 잠재성향이 (마음속에) 자리 잡지 않는다. 즐거운 느낌, 괴로운 느낌, 괴롭지도 즐겁지도 않은 느낌을 경험할 때 그는 그 각각의 느낌에 매이지 않은 사람으로서 그것을 경험한다. 비구들이여, 이러한 사람을 일컬어 태어남, 늙음, 죽음, 근심, 탄식, 괴로움, 슬픔, 절망에 매이지

않는 잘 배운 성스러운 제자라 한다. 그는 결코 괴로움에
매여 있지 않다고 나는 분명히 천명하노라.

11. 비구들이여, 이것이 잘 배운 성스러운 제자와 배우지 못한
범부 간의 구별이요, 다른 점이며, 차이나는 점이다.


12. 느낌에 동요되지 않나니,
지혜 있는 이, 많이 들은 이[多聞者],
즐거움이나 괴로움에도 움직이지 않으니,
현자와 범부 간에 능숙함의 차이가
이렇듯 크나니.


법을 터득한 이, 많이 들은 이,
이 세상과 피안의 세계를 올바로 보는 이,
기꺼운 법에 그 마음 설레지 않고
역겨움에 혐오심 내지 않나니.


순順 역逆이 모두 흩어지고 꺼져서
이미 존재하지 않나니.
번뇌 없고 근심 없는 길을 알아
올바로 통찰하는 자
존재의 피안에 도달했다고 이르나니.

## 7. 병실에서(1) *

1. 한때 세존께서는 웨살리의 큰 숲에 있는 중각당重閣堂에 머무르고 계셨다.

2. 세존께서는 해질 무렵 홀로 앉았던 곳에서 일어나 병실로 가셨다. 병실에 도착한 세존께서는 미리 마련된 자리에 앉으시고 비구들에게 이렇게 법을 설하셨다.
   비구들이여, 비구는 마음챙겨*sato* 분명히 알아차리면서 *sampajāno* 매 순간을 보내도록 하라.** 이것이 참으로 그대들에게 주는 나의 간곡한 권고이니라.

3. 그러면 비구들이여, 비구는 어떻게 마음을 챙기는가[正念]? 비구들이여, 여기 비구가 있어 몸을 대하여 몸 수관[身隨觀]을 하면서, 세상과 관련된 욕심과 슬픔을 극복해내며 열심히, 분명히 알아차리고 마음챙기며 머무른다. 그는 느낌을 대하여 느낌 수관[受隨觀]을 하면서, 세상에 관한 욕심과 슬픔을 극복해내며 열심히, 분명히 알아차리고 마음챙기며 머무른다. 그는 마음을 대하여 마음 수관[心隨觀]을 하면

---

* [역주] 이 경은 다음 병실에서(2)와 내용은 같은데 다만 느낌을 조건짓는 요소로 '몸'을 들고 있는 데 반해, 다음 경은 '촉'을 들고 있다는 점이 다르다. 십이연기법에 따라 촉이 수의 전제 조건이 되는 것은 당연하나 이 경에서 몸을 들어 수의 조건으로 얘기하는 것은 매우 특이한 점으로 주목할 필요가 있다.

** [역주] 시간을 보내다*kālam āgameyya* : '때를 기다리다', '죽음을 맞다'로 해석하기도 함. 죽음을 맞이하는 극도의 고통 속에서도 느낌을 관하기를 바라는 간절한 뜻이 있다.

225

서, 세상에 관한 욕심과 슬픔을 극복해내며 열심히, 분명히 알아차리고 마음챙기며 머무른다. 그는 법을 대하여 법 수관法隨觀을 하면서, 세상에 관한 욕심과 슬픔을 극복해내며 열심히, 분명히 알아차리고 마음챙기며 머무른다. 비구들이여, 비구는 실로 이와 같이 마음을 챙기느니라.

4. 그리고 비구들이여, 비구는 어떻게 분명히 알아차리는가 [正知]?

비구들이여, 비구는 걸어갈 때나 돌아설 때나 분명히 알아차린다. 앞을 똑바로 보거나 다른 데를 볼 때에도 분명히 알아차리며, 구부리거나 펼 때에도, 가사를 수할 때에나 발우를 다룰 때에도. 먹고 마시고 씹고 맛볼 때에도, 용변을 볼 때에도. 걷고 서고 앉고 잠들고 깨어나고, 말하고 침묵할 때에도 분명히 알아차린다.* 비구들이여, 비구는 이처럼 분명히 알아차리는 것이다.

5. 비구들이여, 비구는 이렇게 마음챙겨 분명히 알아차리면서 매 순간을 보내도록 하라. 이것이 참으로 그대들에게 주는 나의 간곡한 권고이니라.

6. 비구들이여, 비구가 이처럼 마음챙겨, 분명히 알아차리

---

*    [역주] 원문은 "걸어갈 때나 돌아설 때나 분명히 알아차리는 자[正知者]이다. 행주좌와 어묵동정에 있어 매양 분명히 알아차리는 자로서 행한다." 영역자는 이를 apply clear comprehension(분명한 알아차림을 기울이다)로 옮기고 있다.

며, 방일하지 않고, 열심히, 스스로 독려하며 머무르는 중에 즐거운 느낌이 일어나면 그는 이렇게 안다. 즉 "지금 나에게 즐거운 느낌이 일어났다. 이것은 조건지어진 것이며, 조건지어지지 않은 것이 아니다. 무엇에 의해 조건지어졌는가? 바로 이 몸에 의해 조건지어졌다.* 그런데 이 몸은 진실로 무상하며, (요소들로) 형성된 것이며, 연이생緣已生이다. 이렇듯 무상하고 형성된 것이고 연이생인 몸에 의해 조건지어진 이 즐거운 느낌이 어찌 영원하겠는가?"

그는 몸에 대해 그리고 즐거운 느낌에 대해 무상anicca을 관하며 머무르고, 사그라짐vaya을 관하며 머무르고, 초연함[離欲 virāga]을 관하며 머무르고, 그침nirodha을 관하며 머무르고, 놓아버림paṭinissagga을 관하며 머무른다. (이렇게) 몸에 대해 그리고 즐거운 느낌에 대해 무상을 관하며 머무르고, 사그라짐을 관하며 머무르고, 초연함을 관하며 머무르고, 그침을 관하며 머무르고, 놓아버림을 관하며 머무르는 그에게서 몸에 대해 그리고 즐거운 느낌에 대해 갈망하는 고질적 잠재성향이 사라진다.

7.  비구들이여, 비구가 이처럼 마음챙겨, 분명히 알아차리며, 방일하지 않고, 열심히, 스스로 독려하며 머무르는 중

---

\* [역주] 여기서 몸은 육처 가운데 안·이·비·설·신, 오처를 가리키는 것으로 봐야 할 것이다.

에 괴로운 느낌이 일어나면 그는 이렇게 안다. 즉 "지금 나에게 괴로운 느낌이 일어났다. 이것은 조건지어진 것이며, 조건지어지지 않은 것이 아니다. 무엇에 의해 조건지어졌는가? 바로 이 몸에 의해 조건지어졌다. 그런데 이 몸은 진실로 무상한 것이며, (요소들로) 형성된 것이며, 연이생이다. 이렇듯 무상하고 형성된 것이고 연이생인 몸에 의해 조건지어진 이 괴로운 느낌이 어찌 영원하겠는가?"

그는 몸에 대해 그리고 괴로운 느낌에 대해 무상함을 관하며 머무르고, 사그라짐을 관하며 머무르고, 초연함을 관하며 머무르고, 그침을 관하며 머무르고, 놓아버림을 관하며 머무른다. (이렇게) 몸에 대해 그리고 괴로운 느낌에 대해 무상함을 관하며 머무르고, 사그라짐을 관하며 머무르고, 초연함을 관하며 머무르고, 그침을 관하며 머무르고, 놓아버림을 관하며 머무르는 그에게서 몸에 대하여 그리고 괴로운 느낌에 대하여 저항하는 고질적 잠재성향이 사라진다.

8. 비구들이여, 비구가 이처럼 마음챙겨, 분명히 알아차리며, 방일하지 않고, 열심히, 스스로 독려하며 머무르는 중에 괴롭지도 즐겁지도 않은 느낌이 일어나면, 그는 이렇게 안다. 즉 "지금 나에게 괴롭지도 즐겁지도 않은 느낌이 일어났다. 이것은 조건지어진 것이며, 조건지어지지 않은 것이 아니다. 무엇에 의해 조건지어졌는가? 바로 이 몸에 의

해 조건지어졌다. 그런데 이 몸은 진실로 무상하며, (요소들로) 형성된 것이며, 연이생이다. 이렇듯 무상하고 형성된 것이고 연이생인 몸에 의해 조건지어진 이 괴롭지도 즐겁지도 않은 느낌이 어찌 영원하겠는가?"

그는 몸에 대해 그리고 괴롭지도 즐겁지도 않은 느낌에 대해 무상함을 관하며 머무르고, 사그라짐을 관하며 머무르고, 초연함을 관하며 머무르고, 그침을 관하며 머무르고, 놓아버림을 관하며 머무른다. (이렇게) 몸에 대해 그리고 괴롭지도 즐겁지도 않은 느낌에 대해 무상함을 관하며 머무르고, 사그라짐을 관하며 머무르고, 초연함을 관하며 머무르고, 그침을 관하며 머무르고, 놓아버림을 관하며 머무르는 그에게서 몸에 대하여 그리고 괴롭지도 즐겁지도 않은 느낌에 대하여 무지해지는 고질적 잠재성향은 사라진다.

9. 만약 즐거운 느낌을 느끼면* 그는 그것이 무상한 줄 안다. 그것이 연연할 것이 못되는 줄 안다. 그것이 즐길 만한 것이 아니라는 걸 안다. 괴로운 느낌을 느낄 경우, 그는 그것이 무상한 줄 안다. 그것이 연연할 것이 못되는 줄 안다. 그것이 즐길 만한 것이 아니라는 걸 안다. 괴롭지도 즐겁지도 않은 느낌을 느낄 경우, 그는 그것이 무상한 줄 안다. 그것이 연연할 것

---

* [역주] 원문은 *vedanaṃ vediyati*로, 직역하면 '느낌을 느낀다'는 말 그대로임. 이런 식의 표현은 영어에는 어색하지만 우리말과는 비슷한 점이 있어 흥미롭다.

이 못되는 줄 안다. 그것이 즐길 만한 것이 아니라는 걸 안다.

10. 즐거운 느낌을 느낄 경우 그는 그것에 매이지 않은 사람으로서 그것을 느낀다. 괴로운 느낌을 느낄 경우, 그는 그것에 매이지 않은 사람으로서 그것을 느낀다. 괴롭지도 즐겁지도 않은 느낌을 느낄 경우, 그는 그것에 매이지 않은 사람으로서 그것을 느낀다.

11. 그는 몸이 무너지는 느낌을 느낄 때 "나는 지금 몸이 무너지는 느낌을 느낀다."라고 안다. 목숨이 끊어지는 느낌을 느낄 때, "나는 지금 목숨이 끊어지는 느낌을 느낀다."라고 안다. 그는 "지금 곧 이 몸 무너져 목숨이 끊어지면 즐길 것이라고는 하나도 없는 이 모든 느낌들도 싸늘하게 식고 말 것이다."라고 안다.

12. 이는 마치 호롱불이 기름과 심지를 의지하여 타는데 기름과 심지가 다하면 불꽃은 받쳐주는 것이 없어져 꺼지고 마는 것과 같다. 그와 같이 비구들이여, 비구는 몸이 무너지는 느낌을 느낄 경우, "나는 지금 몸이 무너지는 느낌을 느낀다."라고 안다. 목숨이 끊어지는 느낌을 느낄 때, "나는 지금 목숨이 끊어지는 느낌을 느낀다."라고 안다. 그는 "지금 곧 이 몸 무너져 목숨이 끊어지면 즐길 것이라고는 하나도 없는 이 모든 느낌들도 싸늘하게 식고 말 것이다."라고 안다.

## 8. 병실에서(2)

1.  한때 세존께서는 웨살리의 큰 숲에 있는 중각당重閣堂에 머무르고 계셨다.

2.  세존께서는 해질 무렵 홀로 앉았던 곳에서 일어나 병실로 가셨다. 병실에 도착한 세존께서는 미리 마련된 자리에 앉으시고 비구들에게 이렇게 법을 설하셨다.
    비구들이여, 비구는 마음챙겨 분명히 알아차리면서 매순간을 보내도록 하라. 이것이 참으로 그대들에게 주는 나의 간곡한 권고이니라.

3.  그러면 비구들이여, 비구는 어떻게 마음을 챙기는가[正念]?
    비구들이여, 여기 비구가 있어 몸을 대하여 몸 수관[身隨觀]을 하면서, 세상과 관련된 욕심과 슬픔을 극복해내며 열심히, 분명히 알아차리고 마음챙기며 머무른다. 그는 느낌을 대하여 느낌 수관[受隨觀]을 하면서, 세상에 관한 욕심과 슬픔을 극복해내며 열심히, 분명히 알아차리고 마음챙기며 머무른다. 그는 마음을 대하여 마음 수관[心隨觀]을 하면서, 세상에 관한 욕심과 슬픔을 극복해내며 열심히, 분명히 알아차리고 마음챙기며 머무른다. 그는 법을 대하여 법 수관法隨觀을 하면서, 세상에 관한 욕심과 슬픔을 극복해내며 열심히, 분명히 알아차리고 마음챙기며 머무른다. 비구들이여, 비구는 실로 이와 같이 마음을 챙기느니라.

4.  그리고 비구들이여, 비구는 어떻게 분명히 알아차리는가
    [正知]?

    비구들이여, 비구는 걸어갈 때나 돌아설 때나 분명히 알아
    차린다. 앞을 똑바로 보거나 다른 데를 볼 때에도 분명히
    알아차리며, 구부리거나 펼 때에도, 가사를 수할 때에나
    발우를 다룰 때에도, 먹고 마시고 씹고 맛볼 때에도, 용변
    을 볼 때에도, 걷고 서고 앉고 잠들고 깨어나고, 말하고 침
    묵할 때에도 분명히 알아차린다. 비구들이여, 비구는 이처
    럼 분명히 알아차리는 것이다.

5.  비구들이여, 비구는 이렇게 마음챙겨 분명히 알아차리면
    서 매 순간을 보내도록 하라. 이것이 참으로 그대들에게
    주는 나의 간곡한 권고이니라.

6.  비구들이여, 비구가 이처럼 마음챙겨, 분명히 알아차리
    며, 방일하지 않고, 열심히, 스스로 독려하며 머무르는 중
    에 즐거운 느낌이 일어나면 그는 이렇게 안다. 즉, "지금
    나에게 즐거운 느낌이 일어났다. 이것은 조건지어진 것이
    며 조건지어지지 않은 것이 아니다. 무엇에 의해 조건지어
    졌는가? 바로 촉觸 *phassa* *에 의해 조건지어졌다. 이 촉은

---

\* 감각인식 또는 촉觸은 정신적 요인으로서, 육체적 부딪힘을 의미하는 것이 아니다.
  [역주] 원역자는 sense impression(감각 인상 또는 감각적 각인)으로 옮기고 있는데, 우
  리에게 익숙한 촉을 쓰기로 한다.

진실로 무상하며, (요소들로) 형성된 것이며, 연이생이다. 이렇듯 무상하고 형성된 것이고 연이생인 촉에 의해 조건 지어진 이 즐거운 느낌이 어찌 영원하겠는가?"

그는 촉에 대해 그리고 즐거운 느낌에 대해 무상함을 관하며 머무르고, 사그라짐을 관하며 머무르고, 초연함을 관하며 머무르고, 그침을 관하며 머무르고, 놓아버림을 관하며 머무른다. (이렇게) 촉에 대해 그리고 즐거운 느낌에 대해 무상함을 관하며 머무르고, 사그라짐을 관하며 머무르고, 초연함을 관하며 머무르고, 그침을 관하며 머무르고, 놓아버림을 관하며 머무르는 비구에게서 촉에 대한 그리고 즐거운 느낌에 대해 갈망하는 고질적 잠재성향이 사라진다.

7. 그리고 비구들이여, 비구가 이처럼 마음챙겨, 분명히 알아차리며, 방일하지 않고, 열심히, 스스로 독려하며 머무르는 중에 괴로운 느낌이 일어나면 그는 이렇게 안다. 즉 "지금 나에게 괴로운 느낌이 일어났다. 이것은 조건지어진 것이며, 조건지어지지 않은 것이 아니다. 무엇에 의해 조건 지어졌는가? 바로 촉에 의해 조건지어졌다. 이 촉은 진실로 무상한 것이며, (요소들로) 형성된 것이며, 연이생이다. 이렇듯 무상하고 형성된 것이고 연이생인 촉에 의해 조건 지어진 이 괴로운 느낌이 어찌 영원하겠는가?"

그는 촉에 대해 그리고 괴로운 느낌에 대해 무상함을 관하며 머무르고, 사그라짐을 관하며 머무르고, 초연함을 관하며 머무르고, 그침을 관하며 머무르고, 놓아버림을 관하며 머무른다. (이렇게) 촉과 괴로운 느낌에 대해 무상함을 관하며 머무르고, 사그라짐을 관하며 머무르고, 초연함을 관하며 머무르고, 그침을 관하며 머무르고, 놓아버림을 관하며 머무르는 비구에게서 촉에 대하여 그리고 괴로운 느낌에 대하여 저항하는 고질적 잠재성향이 사라진다.

8. 다시 비구들이여, 비구가 이처럼 마음챙겨, 분명히 알아차리며, 방일하지 않고, 열심히, 스스로 독려하며 머무르는 중에 괴롭지도 즐겁지도 않은 느낌이 일어나면 그는 이렇게 안다. 즉, "지금 나에게 괴롭지도 즐겁지도 않은 느낌이 일어났다. 이것은 조건지어진 것이며 조건지어지지 않은 것이 아니다. 무엇에 의해 조건지어졌는가? 바로 이 촉에 의해 조건지어졌다. 그런데 이 촉은 진실로 무상한 것이며 (요소들로) 형성된 것이며, 연이생이다. 이 무상하고 형성된 것이고 연이생인 촉에 의해 조건지어진 이 괴롭지도 즐겁지도 않은 느낌이 어떻게 영원할 수 있는가?"

그는 촉에 대해 그리고 괴롭지도 즐겁지도 않은 느낌에 대해 무상함을 관하며 머무르고, 사그라짐을 관하며 머무르고, 초연함을 관하며 머무르고, 그침을 관하며 머무르고, 놓아버림을 관하며 머무른다. (이렇게) 촉에 대해 그리고 괴롭지도 즐겁지도 않은 느낌에 대해 무상함을 관하며 머무르고, 사그라짐을 관하며 머무르고, 초연함을 관하며 머무르고, 그침을 관하며 머무르고, 놓아버림을 관하며 머무르는 비구에게서 촉에 대해 그리고 괴롭지도 즐겁지도 않은 느낌에 대해 무지해지는 고질적 잠재성향이 사라진다.

9.  만약 즐거운 느낌을 느끼면 그는 그것이 무상한 줄 안다. 그것이 연연할 것이 못되는 줄 안다. 그것이 즐길 만한 것이 아니라는 걸 안다. 괴로운 느낌을 느낄 경우, 그는 그것이 무상한 줄 안다. 그것이 연연할 것이 못되는 줄 안다. 그것이 즐길 만한 것이 아니라는 걸 안다. 괴롭지도 즐겁지도 않은 느낌을 느낄 경우, 그는 그것이 무상한 줄 안다. 그것이 연연할 것이 못되는 줄 안다. 그것이 즐길 만한 것이 아니라는 걸 안다.

10. 즐거운 느낌을 느낄 경우, 그는 그것에 매이지 않은 사람으로서 그것을 느낀다. 괴로운 느낌을 느낄 경우, 그는 그것에 매이지 않은 사람으로서 그것을 느낀다. 괴롭지도 즐겁지도 않은 느낌을 느낄 경우, 그는 그것에 매이지 않은 사람으로서 그것을 느낀다.

11. 그는 몸이 무너지는 느낌을 느낄 때 "나는 지금 몸이 무너지는 느낌을 느낀다."라고 안다. 목숨이 끊어지는 느낌을 느낄 때 "나는 지금 목숨이 끊어지는 느낌을 느낀다."라고

안다. 그리고 그는 "지금 곧 이 몸 무너져 목숨이 끊어지면 즐길 것이라고는 하나도 없는 이 모든 느낌들도 싸늘하게 식고 말 것이다."라고 안다.

12. 이는 마치 호롱불이 기름과 심지를 의지하여 타는데 기름과 심지가 다하면 불꽃은 받쳐주는 것이 없어져 꺼지고 마는 것과 같다. 그와 같이 비구들이여, 비구는 몸이 무너지는 느낌을 느낄 때 "지금 나는 몸이 무너지는 느낌을 느낀다."라고 안다. 목숨이 끊어지는 느낌을 느낄 때, "나는 지금 목숨이 끊어지는 느낌을 느낀다."라고 안다. 그는 "지금 곧 이 몸 무너져 목숨이 끊어지면 즐길 것이라고는 하나도 없는 이 모든 느낌들도 싸늘하게 식고 말 것이다."라고 안다.


## 9. 무상

3. 비구들이여, 이들 세 가지 느낌은 무상한 것이요, (요소들로) 형성된 것이며 연이생이니 무너지기 마련이며, 사그라지기 마련이며, 초연해지기 마련이며, 그치기 마련이다.

4. 세 가지란 어떤 것인가? 즐거운 느낌, 괴로운 느낌, 괴롭지도 즐겁지도 않은 느낌이다.

5. 비구들이여, 이러한 세 가지 느낌은 참으로 무상하며, (요소들로) 형성된 것이며 연이생이어서 무너지기 마련이며, 사그라

지기 마련이며, 초연해지기 마련이며, 그치기 마련인 것이다.

## 10. 촉에 뿌리박은 느낌

3.  비구들이여, 여기 세 가지 느낌은 촉에서 생긴 것이며, 촉에 뿌리박고 있으며, 촉을 원인으로 하며, 촉에 의해 조건 지어졌느니라.

4.  세 가지란 어떤 것인가? 즐거운 느낌, 괴로운 느낌, 괴롭지도 즐겁지도 않은 느낌이니라.

5.  비구들이여, 즐겁게 느껴지기 마련인 촉에 반연하여 즐거운 느낌이 일어난다. 즐겁게 느껴지기 마련인 그 촉이 그치면, 그것으로부터 생겨난 그 감각작용* (다시 말해 그 촉에 의존해 일어난 그 즐거운 느낌) 역시 그치고 가라앉는다.

6.  괴로운 느낌을 가져올 촉에 반연하여 괴로운 느낌이 일어난다. 괴롭게 느껴지기 마련인 그 촉이 그치면 그것으로부터 생겨난 감각작용 (다시 말해 그 촉에 의존해 일어난 그 괴로운 느낌) 역시 그치고 가라앉는다.

7.  비구들이여, 괴롭지도 즐겁지도 않은 느낌을 가져올 촉에 반연하여 괴롭지도 즐겁지도 않은 느낌이 일어난다. 괴롭

---

\* 원문은 *tajjaṃ vedayitaṃ*임.

지도 즐겁지도 않은 느낌을 가져올 촉이 그치면 그것으로부터 생겨난 감각작용 (다시 말해 그 촉에 의존해 일어난 그 괴롭지도 즐겁지도 않은 느낌) 역시 그치고 가라앉는다.

8. 마치 두 개의 막대기를 맞대어 비비면 열이 생겨 불꽃이 일어나고, 그리고 그 막대기를 떼어 분리시키면 그들에 의해 생긴 열기도 그치고 가라앉듯이.

9. 비구들이여, 이들 촉에서 생겼고 촉에 뿌리박고 있으며 촉을 원인으로 하며 촉에 의해 조건지어진 세 가지 느낌도 꼭 그와 같나니, 어느 한 가지 촉*에 반연하여 그에 상응하는 느낌이 일어나며, 그 촉이 그치면 그에 상응하는 느낌도 그치는 것이다.


## 11. 한적한 곳

2. 어느 때 한 비구가 세존을 뵈러 왔다. 공손히 절을 올리고는 한 곁에 앉았다.

3. 그렇게 앉아서는 세존께 다음과 같이 여쭈었다. 존자시여, 제가 한적한 곳에 가서 홀로 앉아 있는 중에 문득 이런 생각이 일어났습니다. '세존께서 세 가지 느낌을 설하셨으니

---

* [역주] 어느 한 가지 촉 : 안·이·비·설·신·의 – 육처를 통해 각각 일어나는 육촉 중 어느 한 가지.

즐거운 느낌, 괴로운 느낌, 괴롭지도 즐겁지도 않은 느낌이 그것이다. 이 셋을 세존께서는 설하셨다. 그런데 세존께서는 또 느껴진 것은 무엇이든지 괴로움에 속한다고 설하셨다.' 존자시여, 여기서 '느껴진 것은 무엇이든지 괴로움에 속한다'는 것은 무엇을 두고 하신 말씀입니까?

4. 잘 말했다, 비구여. 잘 말했다! 나는 세 가지 느낌을 가르쳤다. 즐거운 느낌, 괴로운 느낌, 괴롭지도 즐겁지도 않은 느낌, 이 셋을 나는 가르쳤다. 또 한편으로 비구여, 나는 '느껴진 것은 무엇이든지 괴로운 것이다.'라고 가르쳤다. 그런데 이 뒤에 한 말은 모든 조건지어진 현상[諸行 *saṅkhārā*]*의 무상함을 두고 한 말이었다. 내가 그렇게 말한 것은 제행諸行이 무너지기 마련이며, 사그라지기 마련이며, 초연해지기 마련이며, 그치기 마련이며, 변하기 마련이기 때문이니라. '느껴진 것은 무엇이든지 괴로운 것이다.'라고 한 것은 바로 이를 두고 한 말이니라.

5. 비구여, 나는 더 나아가서 제행의 순차적인 그침**에 대해서도 가르쳤다. 초선初禪에 들면 말*vācā*이 그치며, 이선二

---

\* [역주] 원역자는 all conditioned phenomena라고 표현하고 있다. '모든 조건지어진 현상'으로 옮겼는데 여기서 우리는 익숙해진 '제행'으로 쓰겠다.

\*\* [역주] 그침 : *nirodha*의 역. 보통 멸滅로 옮기는데, 영어에서는 cease로 옮김. 원뜻은 억지抑止라는 뜻에 가깝다.

禪에 들면 생각 일으킴vitakka과 추론적 사유vicāra*가 그치며, 삼선三禪에 들면 희열pīti이 그치며, 사선四禪에 들면 입출식入出息이 그치며, 공무변처空無邊處에 들면 물질에 대한 인식[色想 rūpasaññā]이 그치며, 식무변처識無邊處에 들면 공무변처에 대한 인식이 그치며, 무소유처無所有處에 들면 식무변처에 대한 인식이 그치며, 비상비비상처非想非非想處에 들면 무소유처에 대한 인식이 그친다. 상수멸想受滅에 들면 인식과 느낌이 그친다.

번뇌가 다한 비구에게서는 탐욕[貪]이 그치고 성냄[瞋]이 그치고, 미망[癡]이 그친다.

6. 비구여, 다시 더 나아가 나는 제행의 순차적인 가라앉음**에 대해서도 가르쳤다. 초선에 든 자에게서는 말이 가라앉으며, 이선에 들면 생각 일으킴과 추론적 사유가 가라앉으며, 삼선에 들면 희열이 가라앉으며, 사선에 들면 입출식이 가라앉으며, 공무변처에 들면 물질에 대한 인식이 가라

---

\* [역주] 생각 일으킴은 vitakka의, 추론적 사유는 vicāra의 역. 영역자가 쓰고 있는 말은 thought-conception과 discursive thinking임. 〈고요한소리〉에서 출간한 다른 책에서는 생각thought과 숙고contemplation 등 원저자의 표현을 중시하여 문맥에 따라 각기 다르게 옮겼음.

\*\* [역주] 가라앉음 : vūpasama의 역. 보통 적정寂靜 정지靜止 등으로 옮김. 가라앉는다는 뜻인 바, 앞에서 말한 nirodha가 억지抑止의 단계라면, 이제 억눌려 정지된 것이 그 타성을 잃고 가라앉아 진정되는 것을 가르치는 것으로 이해하고 원역자는 이를 stilling으로 옮긴 것 같다.

앉으며, 식무변처에 들면 공무변처에 대한 인식이 가라앉으며, 무소유처에 들면 식무변처에 대한 인식이 가라앉으며, 비상비비상처에 들면 무소유처에 대한 인식이 가라앉는다. 상수멸에 들면 인식과 느낌이 가라앉는다.

번뇌가 다한 비구에게서는 탐욕이 가라앉고, 성냄이 가라앉고, 미망이 가라앉는다.

7.  비구여, 무릇 여섯 가지 고요함*이 있나니, 초선을 이룬 자에게서는 말이 고요해지며, 이선에 들면 생각 일으킴과 추론적 사유가 고요해지며, 삼선에 들면 희열이 고요해지며, 사선에 들면 입출식이 고요해지며,** 상수멸에 들면 인식과 느낌이 고요해진다.

번뇌가 다한 비구에게서는 탐욕이 고요해지며, 성냄이 고요해지며, 미망이 고요해진다.

---

\*   [역주] 고요함 : *passaddhi*의 역. 칠각지의 다섯 번째 요소로 보통 경안輕安 또는 제거로 번역됨. 진정된 다음에 육체적, 정신적으로 가뿐하고 평안함을 말한다. 영역자는 quietening으로 옮기고 있는데 빠알리어 사전들은 대개 calmness, tranquillity 등을 쓰고 있다. 일단 고요함이라 새기기로 한다.

\*\* '고요해짐*patippassaddha*'의 정정定에서는 네 가지 무색정無色定이 언급되지 않는다. 주석서에 따르면 이 네 가지 정은 '상수멸'에 포함되고 있다는 것이다(상수멸을 성취하는 데 이 네 가지 정정定은 조건이 되니까).

## 12. 허공(1)

3.  비구들이여, 허공중에는 가지각색 바람이 불고 있다. 동에
서, 서에서, 북에서, 남에서 불어오는 바람, 먼지 섞인 바
람, 먼지 없는 바람, 더운 바람, 찬 바람, 부드러운 바람, 거
센 바람들이다. 마찬가지로 비구들이여, 이 몸속에서도 가
지각색 느낌이 일어난다. 즐거운 느낌이 일어나기도 하고
괴로운 느낌이 일어나기도 하며 괴롭지도 즐겁지도 않은
느낌이 일어나기도 한다.


저 위 허공중에는 온갖 바람이 불고 있어,
동에서 오는가 하면 서에서도 오고,
북에서 오는가 하면 또 남에서도 불어 닥치고,


먼지 섞인 바람이 있는가 하면
그렇지 않은 바람도 있고,
찬바람인가 하면 더운 바람도 있으며,
거센 바람인가 하면 부드러운 바람도 불고
가지각색으로 바람이 불고 있다.


그와 같이 여기 이 몸속에서도
가지각색으로 느낌이 일어나나니,

즐거운 느낌, 괴로운 느낌,
괴롭지도 즐겁지도 않은 느낌이니라.


그러나 열심인 비구가 분명히 알아차리는
공부를 소홀히 하지 않고
다시 태어남의 기반을 허물기에 열심이라면
마침내 모든 느낌의 본성을 두루 꿰뚫어 보는
현자賢者가 되리니.


그는 느낌을 두루 통찰함으로써
바로 이생에서 번뇌가 다하여,
몸이 무너질 때면 법의 길을 확고히 걸어
어떤 헤아림으로도 가늠하지 못할
지혜의 달인일지니.


## 13. 허공(2) *

3.  비구들이여, 허공중에는 가지각색의 바람이 불고 있다. 동
    에서, 서에서, 북에서, 남에서 불어오는 바람, 먼지 섞인 바

---

*    [역주] 앞의 경과 동일한데, 게송 부분만 없다.

람, 먼지 없는 바람, 더운 바람, 찬 바람, 부드러운 바람, 거센 바람들이다. 마찬가지로 비구들이여, 이 몸속에서도 가지각색의 느낌이 일어난다. 즐거운 느낌이 일어나기도 하고 괴로운 느낌이 일어나기도 하며 괴롭지도 즐겁지도 않은 느낌이 일어나기도 한다.

## 14. 객사客舍

3. 비구들이여, 객사에는 동에서 온 사람들이 묵기도 하고, 서에서 온 사람들이 묵기도 하며, 북에서 온 사람들이 묵기도 하며, 남에서 온 사람들이 묵기도 한다. 무사계급 사람들이 와서 묵기도 하고, 바라문들이 와서 묵기도 하며, 평민들이 와서 묵기도 하며, 노예들이 와서 묵기도 한다.

4. 그와 같이 비구들이여, 이 몸에도 여러 종류의 느낌이 일어난다. 즐거운 느낌이 일어나기도 하고, 괴로운 느낌이 일어나기도 하고, 괴롭지도 즐겁지도 않은 느낌이 일어나기도 한다.
세간적인 즐거운 느낌이 일어나기도 하며, 세간적인 괴로운 느낌이 일어나기도 하며, 세간적인 괴롭지도 즐겁지도 않은 느낌이 일어나기도 한다. 출세간적인 즐거운 느낌이 일어나기도 하고, 출세간적인 괴로운 느낌이 일어나기도 하며, 출세간적인 괴롭지도 즐겁지도 않은 느낌이 일어나기도 한다.

## 15. 아아난다(1) *

2. 어느 때 아아난다 장로가 세존을 뵈러 갔다. 공손히 절을 올리고는 한 곁에 앉았다.

3. 그렇게 앉아서는 세존께 여쭈었다.

   존자시여, 느낌이란 무엇입니까? 느낌의 일어남이란 무엇입니까? 느낌의 그침은 무엇입니까? 느낌의 그침에 이르는 길은 무엇입니까? 느낌에 있어 달콤함이란 무엇입니까? 느낌에 있어 위험함이란 무엇입니까? 그들로부터 벗어남이란 무엇입니까?

4. 아아난다여, 이 세 가지가 느낌이나니. 즐거운 느낌, 괴로운 느낌, 괴롭지도 즐겁지도 않은 느낌, 이것을 일러 느낌이라 한다. 촉이 일어나면 느낌이 일어나고 촉이 그치면 느낌이 그친다.

   '여덟 가지 성스러운 길[八正道]'이 '느낌의 그침에 이르는 길'이니 바른 견해[正見], 바른 사유[正思], 바른 말[正語], 바른 행위[正業], 바른 생계[正命], 바른 노력[正精進], 바른 마음챙김[正念], 바른 집중[正定]이 그것이다.

   느낌으로 인해 즐거움과 기쁨이 생기나니, 이것이 느낌의

---

\* [역주] PTS 빠알리어본의 원제명은 *Santakaṃ*, 영역본은 Property라 옮겼고, 일역본은 이것이 내용과 무관하다 해서 止息이라 제목을 붙였다. 본경과 다음 경 6절에 *vūpasamo*는 止息이라 옮기고 어근 *Śam*에서 온 것으로 보아 이를 제목으로 취했다는 설명이다. 본문에서는 원역자 냐나뽀니까 스님의 용례를 따랐다.

달콤함이다. 느낌은 무상하고 괴롭고 변하기 마련이니, 이 것이 느낌에 있어 위험함이다. 느낌에 대한 욕탐을 제어하 고 끊어버리면, 이것이 느낌에서 벗어남이다.

5. 아아난다여, 더 나아가서 나는 제행의 순차적인 그침에 대 해서도 설했다. 초선에 들면 말이 그치며, 이선에 들면 생 각 일으킴과 추론적 사유가 그치며, 삼선에 들면 희열이 그치며, 사선에 들면 입출식이 그치며, 공무변처에 들면 물질에 대한 인식이 그치며, 식무변처에 들면 공무변처에 대한 인식이 그치며, 무소유처에 들면 식무변처에 대한 인 식이 그치며, 비상비비상처에 들면 무소유처에 대한 인식 이 그친다. 상수멸에 들면 인식과 느낌이 그친다.

번뇌가 다한 비구에게서는 탐욕이 그치고, 성냄이 그치고, 미망이 그친다.

6. 아아난다여, 다시 더 나아가 나는 제행의 순차적인 가라앉 음에 대해서도 가르쳤다. 초선에 든 자에게서는 말이 가라 앉으며, 이선에 들면 생각 일으킴과 추론적 사유가 가라앉 으며, 삼선에 들면 희열이 가라앉으며, 사선에 들면 입출 식이 가라앉으며, 공무변처에 들면 물질에 대한 인식이 가 라앉으며, 식무변처에 들면 공무변처에 대한 인식이 가라 앉으며, 무소유처에 들면 식무변처에 대한 인식이 가라앉 으며, 비상비비상처에 들면 무소유처에 대한 인식이 가라

앉는다. 상수멸에 들면 인식과 느낌이 가라앉는다.

번뇌가 다한 비구에게서는 탐욕이 가라앉고, 성냄이 가라앉으며, 미망이 가라앉는다.

7. 아아난다여, 다시 더 나아가 나는 제행의 순차적인 고요함에 대하여 가르쳤다. 초선에 들면 말이 고요해지며, 이선에 들면 생각 일으킴과 추론적 사유가 고요해지며, 삼선에 들면 희열이 고요해지며, 사선에 들면 입출식이 고요해지며, 공무변처에 들면 물질에 대한 인식이 고요해지며, 식무변처에 들면 공무변처에 대한 인식이 고요해지며, 무소유처에 들면 식무변처에 대한 인식이 고요해지며, 비상비비상처에 들면 무소유처에 대한 인식이 고요해지며, 상수멸에 들면 인식과 느낌이 고요해진다.

번뇌가 다한 비구에게서는 탐욕이 고요해지고, 성냄이 고요해지며, 미망이 고요해진다.


## 16. 아아난다(2)

2. 어느 때 아아난다 장로가 세존을 뵈러 갔다. 공손히 절을 올리고는 한 곁에 앉았다.

3. 그렇게 앉은 아아난다 장로에게 세존께서 물으셨다.

느낌이란 무엇이냐? 느낌의 일어남이란 무엇이냐? 느낌

의 그침은 무엇이냐? 느낌의 그침에 이르는 길은 무엇이냐? 느낌에 있어 달콤함이란 무엇이냐? 느낌에 있어 위험함이란 무엇이냐? 그들로부터 벗어남이란 무엇이냐?

4. 존자시여, 우리들의 법은 세존을 근원으로 하며, 세존을 봇도랑 내는 이로 하며, 세존을 귀의처로 합니다. 존자시여, 부디 세존께서 말씀하신 바의 뜻을 (친히) 밝혀주시면 참으로 좋겠습니다. 세존으로부터 들으면 비구들은 마음에 새겨 지닐 것입니다.

그러면 아아난다여, 듣고 잘 유념하도록 하라, 내가 말할 테니.
네, 존자시여. 아아난다 장로가 대답했다.

5. 세존께선 이렇게 말씀하셨다.

아아난다여, 세 가지 느낌이 있나니, 즐거운 느낌, 괴로운 느낌, 괴롭지도 즐겁지도 않은 느낌이다. 이를 일러 느낌이라 한다. 촉이 일어나면 느낌이 일어나고 촉이 그치면 느낌이 그친다.

'여덟 가지 성스러운 길'이 '느낌의 그침에 이르는 길'이니 바른 견해, 바른 사유, 바른 말, 바른 행위, 바른 생계, 바른 노력, 바른 마음챙김, 바른 집중이 그것이다.

느낌으로 인해 즐거움과 기쁨이 생기나니, 이것이 느낌의 달콤함이다. 느낌은 무상하고 괴롭고 변하기 마련이니, 이것이 느낌에 있어 위험함이다. 느낌에 대한 욕탐을 제어하고 끊어버리면, 이것이 느낌에서 벗어남이다.

6. 아아난다여, 더 나아가 나는 제행의 순차적인 그침에 대해서도 설했다. 초선에 들면 말이 그치며, 이선에 들면 생각 일으킴과 추론적 사유가 그치며, 삼선에 들면 희열이 그치며, 사선에 들면 입출식이 그치며, 공무변처에 들면 물질에 대한 인식이 그치며, 식무변처에 들면 공무변처에 대한 인식이 그치며, 무소유처에 들면 식무변처에 대한 인식이 그치며, 비상비비상처에 들면 무소유처에 대한 인식이 그친다. 상수멸에 들면 인식과 느낌이 그친다.

번뇌가 다한 비구에게서는 탐욕이 그치고, 성냄이 그치고, 미망이 그친다.

7. 아아난다여, 다시 더 나아가 나는 제행의 순차적인 가라앉음에 대해서 가르쳤다. 초선에 들면 말이 가라앉으며, 이선에 들면 생각 일으킴과 추론적 사유가 가라앉으며, 삼선에 들면 희열이 가라앉으며, 사선에 들면 입출식이 가라앉으며, 공무변처에 들면 물질에 대한 인식이 가라앉으며, 식무변처에 들면 공무변처에 대한 인식이 가라앉으며, 무소유처에 들면 식무변처에 대한 인식이 가라앉으며, 비상비비상처에 들면 무소유처에 대한 인식이 가라앉는다. 상수멸에 들면 인식과 느낌이 가라앉는다.

번뇌가 다한 비구에게서는 탐욕이 가라앉고, 성냄이 가라앉으며, 미망이 가라앉는다.

8. 아아난다여, 다시 더 나아가 나는 제행의 순차적인 고요함에 대하여 가르쳤다. 초선에 들면 말이 고요해지며, 이선에 들면 생각 일으킴과 추론적 사유가 고요해지며, 삼선에 들면 희열이 고요해지며, 사선에 들면 입출식이 고요해지며, 공무변처에 들면 물질에 대한 인식이 고요해지며, 식무변처에 들면 공무변처에 대한 인식이 고요해지며, 무소유처에 들면 식무변처에 대한 인식이 고요해지며, 비상비비상처에 들면 무소유처에 대한 인식이 고요해지며, 상수멸에 들면 인식과 느낌이 고요해진다.

번뇌가 다한 비구에게서는 탐욕이 고요해지고, 성냄이 고요해지며, 미망이 고요해진다.


## 17. 비구 다중(1)

2. 어느 때 여러 비구들이 세존을 뵈러 갔다. 공손히 절을 올리고는 한 곁에 앉았다. 그렇게 앉아서는 세존께 여쭈었다.

3. 존자시여, 느낌이란 무엇입니까? 느낌의 일어남이란 무엇입니까? 느낌의 그침은 무엇입니까? 느낌의 그침에 이르는 길은 무엇입니까? 느낌에 있어 달콤함이란 무엇입니까? 느낌에 있어 위험함이란 무엇입니까? 그들로부터 벗어남이란 무엇입니까?

4. 비구들이여, 세 가지 느낌이 있나니, 즐거운 느낌, 괴로운 느낌, 괴롭지도 즐겁지도 않은 느낌이다. 이를 일러 느낌이라 한다. 촉이 일어나면 느낌이 일어나고 촉이 그치면 느낌이 그친다. '여덟 가지 성스러운 길'이 '느낌의 그침에 이르는 길'이니 바른 견해, 바른 사유, 바른 말, 바른 행위, 바른 생계, 바른 노력, 바른 마음챙김, 바른 집중이 그것이다.

느낌으로 인해 즐거움과 기쁨이 생기나니, 이것이 느낌의 달콤함이다. 느낌은 무상하고 괴롭고 변하기 마련이니, 이것이 느낌에 있어 위험함이다. 느낌에 대한 욕탐을 제어하고 끊어버리면, 이것이 느낌에서 벗어남이다.

5. 비구들이여, 더 나아가 나는 제행의 순차적인 그침에 대해서도 설했다. 초선에 들면 말이 그치며, 이선에 들면 생각 일으킴과 추론적 사유가 그치며, 삼선에 들면 희열이 그치며, 사선에 들면 입출식이 그치며, 공무변처에 들면 물질에 대한 인식이 그치며, 식무변처에 들면 공무변처에 대한 인식이 그치며, 무소유처에 들면 식무변처에 대한 인식이 그치며, 비상비비상처에 들면 무소유처에 대한 인식이 그친다. 상수멸에 들면 인식과 느낌이 그친다.

번뇌가 다한 비구에게서는 탐욕이 그치고, 성냄이 그치고, 미망이 그친다.

6. 비구들이여, 다시 더 나아가 나는 제행의 순차적인 가라앉

음에 대해 가르쳤다. 초선에 들면 말이 가라앉으며, 이선에 들면 생각 일으킴과 추론적 사유가 가라앉으며, 삼선에 들면 희열이 가라앉으며, 사선에 들면 입출식이 가라앉으며, 공무변처에 들면 물질에 대한 인식이 가라앉으며, 식무변처에 들면 공무변처에 대한 인식이 가라앉으며, 무소유처에 들면 식무변처에 대한 인식이 가라앉으며, 비상비비상처에 들면 무소유처에 대한 인식이 가라앉는다. 상수멸에 들면 인식과 느낌이 가라앉는다.

번뇌가 다한 비구에게서는 탐욕이 가라앉고, 성냄이 가라앉으며, 미망이 가라앉는다.

7. 비구들이여, 여섯 가지 고요함이 있나니, 초선에 들면 말이 고요해지며, 이선에 들면 생각 일으킴과 추론적 사유가 고요해지며, 삼선에 들면 희열이 고요해지며, 사선에 들면 입출식이 고요해지며, 상수멸에 들면 인식과 느낌이 고요해진다. 번뇌가 다한 비구에게서는 탐욕이 고요해지고, 성냄이 고요해지며, 미망이 고요해진다.

## 18. 비구 다중(2)

2. 어느 때 여러 비구들이 세존을 뵈러 갔다. 공손히 절을 올리고는 한 곁에 앉았다.

3.  그렇게 앉은 비구들에게 세존께서 물으셨다.

느낌이란 무엇이냐? 느낌의 일어남이란 무엇이냐? 느낌의 그침은 무엇이냐? 느낌의 그침에 이르는 길은 무엇이냐? 느낌에 있어 달콤함이란 무엇이냐? 느낌에 있어 위험함이란 무엇이냐? 그들로부터 벗어남이란 무엇이냐?

4.  존자시여, 우리들의 법은 세존을 근원으로 하며, 세존을 봇도랑 내는 이로 하며, 세존을 귀의처로 합니다. 존자시여, 부디 세존께서 말씀하신 바의 뜻을 (친히) 밝혀주신다면 참으로 좋겠습니다. 세존으로부터 들으면 비구들은 마음에 새겨 지닐 것입니다.

5~8. 비구들이여, 세 가지 느낌이 있나니, 즐거운 느낌, 괴로운 느낌, 괴롭지도 즐겁지도 않은 느낌이다. 이를 일러 느낌이라 한다. 촉이 일어나면 느낌이 일어난다.

(앞의 16경과 같이 상세히 설하시다)*


## 19. 목수 빤짜깡가 **

2.  어느 때 목수 빤짜깡가가 우다이 장로를 뵈러 갔다. 가서

---

*    [역주] 모든 원본에서 이 말로 마무리짓고 있다.
**   이 경은 《중부》 59경 〈많은 종류의 느낌〉과 내용이 동일함.

공손히 절을 올리고 한 곁에 앉았다.

3. 그렇게 앉아서 목수 빤짜깡가는 우다이 장로께 이렇게 여쭈었다.

   우다이 존자시여, 세존께서는 몇 가지 느낌을 설하셨습니까? 오, 목수여, 세존께서는 세 가지 느낌을 설하셨으니 즐거운 느낌, 괴로운 느낌, 괴롭지도 즐겁지도 않은 느낌입니다. 이들이 세존께서 가르치신 세 가지 느낌입니다.

4. 이 말을 듣고 목수 빤짜깡가는 우다이 장로께 이렇게 말했다.

   우다이 존자시여, 참으로 세존께서 가르치신 것은 세 가지가 아닙니다. 세존께서 설하신 것은 두 가지 느낌입니다. 즉, 즐거운 느낌과 괴로운 느낌입니다. 존자시여, 괴롭지도 즐겁지도 않은 느낌은 적정寂靜하고도 오묘한 유類의 즐거움이라고 세존께서는 설하셨습니다.

5. 다시 우다이 장로가 목수 빤짜깡가에게 이렇게 말했다.

   오, 목수여, 세존께서 설하신 느낌은 두 가지가 아닙니다. 세존께서는 세 가지 느낌을 설하셨으니 즐거운 느낌, 괴로운 느낌, 괴롭지도 즐겁지도 않은 느낌입니다.

   두 번째로 목수 빤짜깡가는 우다이 장로께 이렇게 말했다. 우다이 존자시여, 참으로 세존께서 가르치신 것은 세 가지가 아닙니다. 세존께서 설하신 것은 두 가지 느낌입니다. 즉, 즐거운 느낌과 괴로운 느낌입니다. 존자시여, 괴롭지도 즐겁지도 않은 느낌은 적정하고도 오묘한 유의 즐거움이라고 세존께서는 설하셨습니다.

6. 세 번째로 우다이 장로가 목수 빤짜깡가에게 이렇게 말했다. 오, 목수여, 세존께서 설하신 느낌은 두 가지가 아닙니다. 세존께서는 세 가지 느낌을 설하셨으니 즐거운 느낌, 괴로운 느낌, 괴롭지도 즐겁지도 않은 느낌입니다.

세 번째로 목수 빤짜깡가는 우다이 장로께 이렇게 말했다. 우다이 존자시여, 참으로 세존께서 가르치신 것은 세 가지가 아닙니다. 세존께서 설하신 것은 두 가지 느낌입니다. 즉, 즐거운 느낌과 괴로운 느낌입니다. 존자시여, 괴롭지도 즐겁지도 않은 느낌은 적정하고도 오묘한 유의 즐거움이라고 세존께서는 설하셨습니다.

그러나 우다이 장로는 목수 빤짜깡가를 설복시킬 수 없었고, 목수 빤짜깡가도 우다이 장로를 설득시킬 수가 없었다.

7. 아아난다 장로가 우다이 장로와 목수 빤짜깡가 사이에 있었던 이 논쟁 이야기를 듣게 되었다.

8. 그러자 아아난다 장로는 세존께 나아갔다. 공손히 절을 올리고는 한 곁에 앉았다. 그렇게 앉아서 우다이 장로와 목수 빤짜깡가 사이에 있었던 논쟁의 전말을 세존께 아뢰었다.

9. 세존께서 말씀하셨다.

아아난다여, 목수 빤짜깡가가 동의하지는 않았지만 우다

이 비구의 주장은 옳았다. 마찬가지로 우다이 비구가 동의하지는 않았지만 목수 빤짜깡가의 주장 또한 옳았다. 나는 방편에 따라 느낌을 두 가지로 설했고, 느낌을 세 가지로 설했으며, 다섯 가지로, 여섯 가지로, 열여덟 가지로, 서른 여섯 가지로, 때로는 백여덟 가지로 설하기도 했다.* 아아 난다여, 이와 같이 나는 방편에 따라서 여러 가지로 법을 설했느니라.

10. 참으로 아아난다여, 이처럼 나는 법을 방편에 따라 다르게 설했는데, 제각기 (근기에 맞춰) 잘 설해지고 잘 말해진 법에 동의하지 않고 수긍하지 않고 받아들이지 않는 사람들이 있을 것이다. 그들은 말다툼을 벌여 신랄한 독설로 서로 상처를 주면서 논쟁과 논박으로 치닫고야 말 것이다.

아아난다여, 이처럼 나는 방편에 따라 법을 설했는데, 제각기 잘 설해지고 잘 말해진 법에 동의하고, 수긍하고, 아주 흡족해하며 잘 받아들이는 사람들이 있을 것이다. 그들은 사이좋게 화합하여 언쟁하지 않고 서로를 우정 어린 눈으로 보면서 물과 우유가 잘 섞이듯 할 것이다.

11. 아아난다여, 여기 다섯 가닥의 (감각적) 욕망이 있으니, 그 다섯은 무엇인가? 눈으로 인식되는 형상이 있으니, 마음

---

\* 이 책의 제22경(275쪽) '백여덟 가지 느낌' 참조.

에 들고, 사랑스럽고, 매력 있고, 유혹적이며, 욕심을 짝하고, 탐심을 부추기는 것들이니라. 귀로 인식되는 소리가 있으니, 마음에 들고, 사랑스럽고, 매력 있고, 유혹적이며, 욕심을 짝하고, 탐심을 부추기는 것들이니라. 코로 인식되는 냄새가 있으니, 마음에 들고, 사랑스럽고, 매력 있고, 유혹적이며, 욕심을 짝하고, 탐심을 부추기는 것들이니라. 혀로 인식되는 맛이 있으니, 마음에 들고, 사랑스럽고, 매력 있고, 유혹적이며, 욕심을 짝하고, 탐심을 부추기는 것들이니라. 몸으로 인식되는 닿음[觸]이 있으니, 마음에 들고, 사랑스럽고, 매력 있고, 유혹적이며, 욕심을 짝하고, 탐심을 부추기는 것들이니라.

아아난다여, 이것들이 다섯 가닥의 감각적 욕망이다. 아아난다여, 이 다섯 가닥의 감각적 욕망에 의지하여 생겨나는 [緣已生] 즐거움sukha과 기쁨somanassa을 관능적 쾌락*이라 부른다.

12. 그런데 아아난다여, 만일 어떤 자들이 이것이 중생이 경험할 수 있는 최상의 즐거움이요 기쁨이라 한다면, 나는 그 말에 동의하지 않나니, 이는 무슨 까닭인가? 이제, 아아난다여, 이것을 능가하는 한결 수승한 다른 즐거움이 있기

---

*   [역주] 관능적 쾌락 : *Kāmasukha*. 한역은 欲樂. 영역은 sensual pleasure.

때문이다. 그러면 아아난다여, 무엇이 이 즐거움을 능가하는 한결 수승한 다른 즐거움인가?

아아난다여, 여기 비구가 있어 감각적 욕망을 아주 멀리하고, 향상에 도움이 되지 않는 법을 멀리한 채, 생각 일으킴[尋]과 추론적 사유[伺]를 수반하며, (不善法을) 멀리 떨쳐버린 데서 오는[遠離生] 희열과 즐거움이 있는 초선初禪에 들어 머무른다. 이것이 참으로 아아난다여, 그 (관능적) 즐거움을 능가하는 한결 수승한 즐거움이니라.

13. 아아난다여, 만일 어떤 자들이 말하기를, 이것이 중생이 경험할 수 있는 최상의 즐거움이요 기쁨이라 한다면, 나는 그 말에 동의하지 않나니, 이는 무슨 까닭인가? 아아난다여, 이 즐거움을 능가하는 한결 수승한 또 다른 즐거움이 있기 때문이다. 그러면 아아난다여, 무엇이 이 즐거움을 능가하는 한결 수승한 또 다른 즐거움인가? 아아난다여, 여기 비구가 있어 생각 일으킴과 추론적 사유가 가라앉으면서 제 이선에 들어 머무르는 바, 그 선에는 내면적 확신이 있고, 그리고 생각 일으킴과 추론적 사유가 붙지 않는 마음의 단일성이 있으며, 삼매에서 생기는 희열과 즐거움이 있다. 이것이 참으로 아아난다여, (앞의 그) 즐거움을 능가하는 한결 수승한 또 다른 즐거움이니라.

14. 아아난다여, 만일 어떤 자들이 말하기를 이것이 중생이 경

험할 수 있는 최상의 즐거움이요 기쁨이라 한다면, 나는 그 말에 동의하지 않나니, 이는 무슨 까닭인가? 아아난다여, 이 즐거움을 능가하는 한결 수승한 또 다른 즐거움이 있기 때문이다. 그러면 아아난다여, 무엇이 이 즐거움을 능가하는 한결 수승한 또 다른 즐거움인가? 아아난다여, 여기 비구가 있어 희열마저 차츰 사라져버리면서 마음챙기고 분명히 알아차리며 평온하게 머무른다. 몸으로 즐거움을 경험하면서, 성자들이 일컫는 바 '평온하게 마음챙겨 즐거움에 머무른다'고 하는 제 삼선에 들어 머무른다. 이것이 참으로 아아난다여, 그 즐거움과는 다른 한결 수승한 또 다른 즐거움이니라.

15. 아아난다여, 만일 어떤 자들이 말하기를 이것이 중생이 경험할 수 있는 최상의 즐거움이요 기쁨이라 한다면, 나는 그 말에 동의하지 않나니, 이는 무슨 까닭인가? 아아난다여, 이 즐거움을 능가하는 한결 수승한 또 다른 즐거움이 있기 때문이다. 그러면 아아난다여, 무엇이 그 즐거움을 능가하는 한결 수승한 또 다른 즐거움인가? 여기 비구가 있어 즐거움을 버렸고 괴로움도 버렸으며, 이미 그 이전에 기쁨과 슬픔은 사라져서, 괴롭지도 즐겁지도 않은 가운데 평온에 기인한 마음챙김의 청정함이 있는 제 사선에 들어 머무른다. 이것이 참으로 아아난다여, 그 즐거움을 능가하

는 한결 수승한 또 다른 즐거움이니라.

16. 아아난다여, 만일 어떤 자들이 말하기를 이것이 중생이 경험할 수 있는 최상의 즐거움이요 기쁨이라 한다면, 나는 그 말에 동의하지 않나니, 이는 무슨 까닭인가? 아아난다여, 이 즐거움을 능가하는 한결 수승한 또 다른 즐거움이 있기 때문이다. 그러면 아아난다여, 무엇이 이 즐거움을 능가하는 한결 수승한 또 다른 즐거움인가? 아아난다여, 여기 비구가 있어 일체 색에 대한 인식[色想]을 완전히 초월했으며, 장애*에 대한 인식도 사라졌고, 그 밖의 다양한 인식에 대해서도 관심을 기울이지 않은 채로, '무한하구나, 허공은' 하며 공무변처空無邊處 ākāsānañcāyatana에 들어 머무른다. 이것이 참으로 아아난다여, 그 즐거움을 능가하는 한결 수승한 또 다른 즐거움이니라.

17. 아아난다여, 만일 어떤 자들이 말하기를 이것이 중생이 경험할 수 있는 최상의 즐거움이요 기쁨이라 한다면, 나는 그 말에 동의하지 않나니, 이는 무슨 까닭인가? 아아난다여, 이 즐거움을 능가하는 한결 수승한 또 다른 즐거움이 있기 때문이다. 그러면 아아난다여, 무엇이 이 즐거움을 능가하는 한결 수승한 또 다른 즐거움인가? 아아난다여, 여기 비구가

---

\* [역주] 장애patigha : 한역은 유대有對. 걸리는 것 또는 저항하는 것이라는 뜻에서 일체 감관에 대한 대경을 의미함. 또 윤리적 면에서 성냄[瞋心]을 의미하기도 함.

있어 일체 공무변처를 완전히 초월하여 '무한하구나, 식識은' 하며 식무변처識無邊處 *viññāṇañcāyatana*에 들어 머무른다. 이것이 참으로 아아난다여, 그 즐거움을 능가하는 한결 수승한 또 다른 즐거움이니라.

18. 아아난다여, 만일 어떤 자들이 말하기를 이것이 중생이 경험할 수 있는 최상의 즐거움이요 기쁨이라 한다면, 나는 그 말에 동의하지 않나니, 이는 무슨 까닭인가? 아아난다여, 이 즐거움을 능가하는 한결 수승한 또 다른 즐거움이 있기 때문이다. 무엇이 이 즐거움을 능가하는 한결 수승한 또 다른 즐거움인가? 아아난다여, 여기 비구가 있어 일체 식무변처를 완전히 초월하여 '없구나, 아무것도' 하며 무소유처無所有處 *ākiñcaññāyatana*에 들어 머무른다. 이것이 참으로 아아난다여, 그 즐거움을 능가하는 한결 수승한 또 다른 즐거움이니라.

19. 아아난다여, 만일 어떤 자들이 말하기를 이것이 중생이 경험할 수 있는 최상의 즐거움이요 기쁨이라 한다면, 나는 그 말에 동의하지 않나니, 이는 무슨 까닭인가? 아아난다여, 이 즐거움을 능가하는 한결 수승한 또 다른 즐거움이 있기 때문이다. 무엇이 이 즐거움을 능가하는 한결 수승한 또 다른 즐거움인가? 아아난다여, 여기 비구가 있어 일체 무소유처를 완전히 초월하여 비상비비상처非想非非想處 *nevasaññānāsaññāyatana*에 들어 머무른다. 이것이 참으로

아아난다여, 그 즐거움을 능가하는 한결 수승한 또 다른 즐거움이니라.

20. 아아난다여, 만일 어떤 자들이 말하기를 이것이 중생이 경험할 수 있는 최상의 즐거움이요 기쁨이라 한다면, 나는 그 말에 동의하지 않나니, 이는 무슨 까닭인가? 아아난다여, 이 즐거움을 능가하는 한결 수승한 또 다른 즐거움이 있기 때문이다. 무엇이 이 즐거움을 능가하는 한결 수승한 또 다른 즐거움인가? 아아난다여, 여기 비구가 있어 일체 비상비비상처를 완전히 초월하여 상수멸想受滅 saññāvedayitanirodha(인식과 느낌의 그침)에 들어 머무른다. 이것이 참으로 아아난다여, 그 즐거움을 능가하는 한결 수승한 또 다른 즐거움이니라.*

21. 그런데 아아난다여, 때로는 다른 외도 유행자들이 이렇게

---

* 주석서 : 제4선부터는 괴롭지도 즐겁지도 않은 느낌의 상태다. 그러나 이 무덤덤한 느낌도 '즐거움'으로 불린다. 평화롭고 고상하기 때문이다. 다섯 가지 감각적 욕구에 의해서 일어나는 것과 여덟 가지 정定에 의해서 일어나는 것은 '느껴지는 즐거움'이라 부르고, 상수멸想受滅의 상태는 '느껴지지 않는 즐거움'이라 한다. 따라서 느껴지는 즐거움이든 느껴지지 않는 즐거움이든 둘 다 고통에서 벗어난 상태란 뜻에서 확실히 즐거움인 것이다.
《증지부》아홉의 모음, 제34경에서 사리뿟따 존자는 단호히 말한다. "열반은 행복이다. 벗이여, 열반은 행복이다. 진실로!" 그러자 우다이 비구가 물었다. "느낌이 없는 터에 어떻게 행복이 있을 수 있습니까?" 사리뿟따 존자가 대답했다. "거기에 아무런 느낌이 없다는 그것이 바로 행복이네, 벗이여." 그 경의 이어지는 이야기를 본本경과 비교해 볼 필요가 있다. 열반을 행복이라 하는 데 대해서는《증지부》여섯의 모음, 제100경을 참조할 것.

말할 것이다. '사문 고따마는 인식과 느낌의 그침을 설한다. 그러고는 그것을 다시 즐거움이라고 말하고 있다. 그런 것이 도대체 어디에 있으며, 어떻게 그것이 가능하단 말인가?' 아아난다여, 이와 같이 말하는 다른 외도 유행자들에게는 이렇게 말해 줘야 한다. '여보게 친구들이여, 세존께서는 즐거운 느낌만을 즐거움이라고 말씀하신 것은 아니라네. 오히려 여래는, 그것이 즐거움이면 언제 어디서 얻어지건 간에 즐거움이라고 하신다네.'*

## 20. 비구들

3. 나는 방편에 따라 느낌을 두 가지로 설했고, 세 가지로도 설했으며, 다섯 가지로, 여섯 가지로, 열여덟 가지로, 서른 여섯 가지로, 때로는 백여덟 가지로 설하기도 했다.

4. 참으로 비구들이여, 이처럼 나는 법을 방편에 따라 다르게 설했는데, 이 잘 설해지고 잘 말해진 법에 동의하지 않고 수긍하지 않고 받아들이지 않는 사람들이 있을 것이다. 그들은 말다툼을 벌여 신랄한 독설로 서로 상처를 주면서 논쟁과 논박으로 치닫고야 말 것이다.

---

\* [역주]《중부》59경과 내용이 같음.

비구들이여, 이처럼 나는 방편에 따라 법을 설했는데, 제각기 잘 설해지고 잘 말해진 법에 동의하고, 수긍하고, 아주 흡족해하며 잘 받아들이는 사람들이 있을 것이다. 그들은 사이좋게 화합하여 언쟁하지 않고 서로를 우정 어린 눈으로 보면서 물과 우유가 잘 섞이듯 할 것이다.

5. 비구들이여, 여기 다섯 가닥의 감각적 욕망이 있나니, 그 다섯은 무엇인가? 눈으로 인식되는 형상이 있으니, 마음에 들고, 사랑스럽고, 매력 있고, 유혹적이며, 욕심을 짝하고, 탐심을 부추기는 것들이니라. 귀로 인식되는 소리가 있으니, 마음에 들고, 사랑스럽고, 매력 있고, 유혹적이며, 욕심을 짝하고, 탐심을 부추기는 것들이니라. 코로 인식되는 냄새가 있으니, 마음에 들고, 사랑스럽고, 매력 있고, 유혹적이며, 욕심을 짝하고, 탐심을 부추기는 것들이니라. 혀로 인식되는 맛이 있으니, 마음에 들고, 사랑스럽고, 매력 있고, 유혹적이며, 욕심을 짝하고, 탐심을 부추기는 것들이니라. 몸으로 인식되는 닿음이 있으니, 마음에 들고, 사랑스럽고, 매력 있고, 유혹적이며, 욕심을 짝하고, 탐심을 부추기는 것들이니라.

비구들이여, 이것들이 다섯 가닥의 감각적 욕망이다. 비구들이여, 이 다섯 가닥의 감각적 욕망에 의지하여 생겨나는 즐거움과 기쁨을 관능적 쾌락이라 부른다.

6. 그런데 비구들이여, 만일 어떤 자들이 말하기를 이것이 중생이 경험할 수 있는 최상의 즐거움이요 기쁨이라 한다면, 나는 그 말에 동의하지 않나니, 이는 무슨 까닭인가? 이제, 비구들이여, 이 즐거움을 능가하는 한결 수승한 또 다른 즐거움이 있기 때문이다. 그러면 비구들이여, 무엇이 이것을 능가하는 한결 수승한 또 다른 즐거움인가? 비구들이여, 여기 비구가 있어 감각적 욕망을 아주 멀리하고, 도덕적 향상에 도움이 되지 않는 법을 멀리한 채, 생각 일으킴과 추론적 사유를 수반하며, (불선법을) 멀리 떨쳐낸 데서 오는 희열과 즐거움이 있는 초선에 들어 머무른다. 이것이 참으로 비구들이여, 그 (관능적) 즐거움을 능가하는 한결 수승한 즐거움이니라.

7. 비구들이여, 만일 어떤 자들이 말하기를 이것이 중생이 경험할 수 있는 최상의 즐거움이요 기쁨이라 한다면, 나는 그 말에 동의하지 않나니, 이는 무슨 까닭인가? 비구들이여, 이 즐거움을 능가하는 한결 수승한 또 다른 즐거움이 있기 때문이다. 그러면 비구들이여, 무엇이 이 즐거움을 능가하는 한결 수승한 또 다른 즐거움인가? 비구들이여, 여기 비구가 있어 생각 일으킴과 추론적 사유가 가라앉으면서 제 이선에 들어 머무르는 바, 이선에는 내면적 확신이 있고 그리고 생각 일으킴과 추론적 사유가 붙지 않는

마음의 단일성이 있으며, 삼매에서 생기는 희열과 즐거움이 있다. 이것이 참으로 비구들이여, 그 즐거움을 능가하는 한결 수승한 또 다른 즐거움이니라.

8. 비구들이여, 만일 어떤 자들이 말하기를 이것이 중생이 경험할 수 있는 최상의 즐거움이요 기쁨이라 한다면, 나는 그 말에 동의하지 않나니, 이는 무슨 까닭인가? 비구들이여, 이 즐거움을 능가하는 한결 수승한 또 다른 즐거움이 있기 때문이다. 그러면 비구들이여, 무엇이 이 즐거움을 능가하는 한결 수승한 또 다른 즐거움인가? 비구들이여, 여기 비구가 있어 희열마저 차츰 사라져 버리면서, 마음챙기고 온전히 알아차리는 채 평온에 머무른다. 몸으로 즐거움을 느끼면서 성자들이 일컫는 바 '평온하게 마음챙겨 즐거움에 머무른다.'고 하는 제 삼선에 들어 머무른다. 이것이 참으로 비구들이여, 그 즐거움과는 다른 한결 수승한 또 다른 즐거움이니라.

9. 비구들이여, 만일 어떤 자들이 말하기를 이것이 중생이 경험할 수 있는 최상의 즐거움이요 기쁨이라 한다면, 나는 그 말에 동의하지 않나니, 이는 무슨 까닭인가? 비구들이여, 이 즐거움을 능가하는 한결 수승한 또 다른 즐거움이 있기 때문이다. 그러면 비구들이여, 무엇이 이 즐거움을 능가하는 한결 수승한 또 다른 즐거움인가? 여기 비구

가 있어 즐거움을 버렸고 괴로움도 버렸으며, 이미 그 이전에 기쁨과 슬픔은 사라져서, 괴롭지도 즐겁지도 않은 가운데 평온에 기인한 마음챙김의 청정함이 있는 제 사선에 들어 머무른다. 이것이 참으로 비구들이여, 그 즐거움을 능가하는 한결 수승한 또 다른 즐거움이니라.

10. 비구들이여, 만일 어떤 자들이 말하기를 이것이 중생이 경험할 수 있는 최상의 즐거움이요 기쁨이라 한다면, 나는 그 말에 동의하지 않나니, 이는 무슨 까닭인가? 비구들이여, 이 즐거움을 능가하는 한결 수승한 또 다른 즐거움이 있기 때문이다. 그러면 비구들이여, 무엇이 이 즐거움을 능가하는 한결 수승한 또 다른 즐거움인가? 비구들이여, 여기 비구가 있어 일체 색에 대한 인식을 완전히 초월했으며, 장애에 대한 인식도 사라졌고, 그 밖의 다양한 인식에 대해서도 관심을 기울이지 않은 채로 '무한하구나, 허공은' 하며 공무변처에 들어 머무른다. 이것이 참으로 비구들이여, 그 즐거움을 능가하는 한결 수승한 또 다른 즐거움이니라.

11. 비구들이여, 만일 어떤 자들이 말하기를 이것이 중생이 경험할 수 있는 최상의 즐거움이요 기쁨이라 한다면, 나는 그 말에 동의하지 않나니, 이는 무슨 까닭인가? 비구들이여, 이 즐거움을 능가하는 한결 수승한 또 다른 즐거움이 있기 때문이다. 그러면 비구들이여, 무엇이 이 즐거움을

능가하는 한결 수승한 또 다른 즐거움인가? 비구들이여, 여기 비구가 있어 일체 공무변처를 완전히 초월하여 '무한 하구나, 식은' 하며 식무변처에 들어 머무른다. 이것이 참 으로 비구들이여, 그 즐거움을 능가하는 한결 수승한 또 다른 즐거움이니라.

12. 비구들이여, 만일 어떤 자들이 말하기를 이것이 중생이 경 험할 수 있는 최상의 즐거움이요 기쁨이라 한다면, 나는 그 말에 동의하지 않나니, 이는 무슨 까닭인가? 비구들이 여, 이 즐거움을 능가하는 한결 수승한 또 다른 즐거움이 있기 때문이다. 무엇이 이 즐거움을 능가하는 한결 수승 한 또 다른 즐거움인가? 비구들이여, 여기 비구가 있어 일 체 식무변처를 완전히 초월하여 '없구나, 아무것도' 하며 무소유처에 들어 머무른다. 이것이 참으로 비구들이여, 그 즐거움을 능가하는 한결 수승한 또 다른 즐거움이니라.

13. 비구들이여, 만일 어떤 자들이 말하기를 이것이 중생이 경험할 수 있는 최상의 즐거움이요 기쁨이라 한다면, 나 는 그 말에 동의하지 않나니, 이는 무슨 까닭인가? 비구들 이여, 이 즐거움을 능가하는 한결 수승한 또 다른 즐거움 이 있기 때문이다. 무엇이 이 즐거움을 능가하는 한결 수 승한 또 다른 즐거움인가? 비구들이여, 여기 비구가 있어 일체 무소유처를 완전히 초월하여 비상비비상처에 들어

머무른다. 이것이 참으로 비구들이여, 그 즐거움을 능가하는 한결 수승한 또 다른 즐거움이니라.

14. 비구들이여, 만일 어떤 자들이 말하기를 이것이 중생이 경험할 수 있는 최상의 즐거움이요 기쁨이라 한다면, 나는 그 말에 동의하지 않나니, 이는 무슨 까닭인가? 비구들이여, 이 즐거움을 능가하는 한결 수승한 또 다른 즐거움이 있기 때문이다. 무엇이 이 즐거움을 능가하는 한결 수승한 또 다른 즐거움인가? 비구들이여, 여기 비구가 있어 일체 비상비비상처를 완전히 초월하여 상수멸(인식과 느낌의 그침)에 들어 머무른다. 이것이 참으로 비구들이여, 그 즐거움을 능가하는 한결 수승한 또 다른 즐거움이니라.

15. 그런데 비구들이여, 때로는 다른 외도 유행자들이 이렇게 말할 것이다. '사문 고따마는 인식과 느낌의 그침을 설한다. 그러고는 그것을 다시 즐거움이라고 말하고 있다. 그런 것이 도대체 어디에 있으며, 어떻게 그것이 가능하단 말인가?' 비구들이여, 이와 같이 말하는 다른 외도 유행자들에게 이렇게 말해 줘야 한다. '여보게 친구들이여, 세존께서는 즐거운 느낌만을 즐거움이라고 말씀하신 것이 아니라네. 오히려 여래는, 그것이 즐거움이면 언제 어디서 얻어지건 간에 즐거움이라고 한다네.'라고.

## 21. 시이와까

1. 어느 때 세존께서는 왕사성 죽림정사의 다람쥐 동산*에 머무셨다.

2. 거기에 몰리야 시이와까라는 한 유행승遊行僧이 세존께 다가와서 정중히 인사를 올린 후 한 곁에 앉았다.

3. 그렇게 앉아서 유행승 몰리야 시이와까는 세존께 이렇게 여쭈었다.

   고따마시여, 어떤 사문과 바라문들은 이런 학설과 견해를 가져 주장하기를, '인간이 경험하는 즐거운 느낌, 괴로운 느낌, 괴롭지도 즐겁지도 않은 느낌은 그것이 어떤 것이든 모두가 전적으로 과거의 행위kata에 기인한 것이다.'라고 합니다. 여기에 대해서 존경하는 고따마께서는 어떻게 설하십니까?

4. 시이와까여, 어떤 느낌은 담즙膽汁** 때문에 생기는데, 이런 일이 일어난다는 것은 누구나 스스로 알 수 있고 세상에서도 사실로 인정되고 있다. 시이와까여, 그런데도 이에 대해서 어떤 사문과 바라문들은 그런 학설과 견해를 가져 주장하기를 '인간이 경험하는 즐거운 느낌, 괴로운 느낌, 괴롭지도 즐겁지도 않은 느낌은 그것이 어떤 것이든 모두

---

\* [역주] 다람쥐 먹이 주는 곳이라는 뜻을 담고 있다.

\*\* [역주] 담즙 : 당시 인도 의학에서는 담즙과 점액粘液, 바람[風] 등 신체의 세 요소가 질서와 균형을 잃을 때 병이 된다고 보았음.

가 전적으로 과거의 행위에 기인한 것이다.'라고 한다. 그
렇게 되면, 자신이 스스로 경험해서 알고 있는 것과 어긋
나고, 세상에서 인정되는 사실과도 어긋나기 때문에, 나는
그들 사문과 바라문이 잘못되었다고 설한다.

5. 시이와까여, 어떤 느낌들은 점액粘液 때문에 생긴 것이니
이런 일이 일어난다는 것은 누구나 스스로 알 수 있고 세
상에서도 사실로 인정되고 있다. 시이와까여, 그런데도 이
에 대해서 어떤 사문과 바라문들은 그런 학설과 견해를 가
져 '인간이 경험하는 즐거운 느낌, 괴로운 느낌, 괴롭지도
즐겁지도 않은 느낌은 그것이 어떤 것이든 모두가 전적으
로 과거의 행위에 기인한 것이다.'라고 주장한다. 그렇게
되면, 자신이 스스로 경험해서 알고 있는 것과 어긋나고,
세상에서 인정하는 사실과도 어긋나기 때문에, 나는 그들
사문과 바라문이 잘못되었다고 설한다.

6. 시이와까여, 어떤 느낌은 바람[風 vāta] 때문에 생긴 것이니
이런 일이 일어난다는 것은 누구나 스스로 알 수 있고 세
상에서도 사실로 인정되고 있다. 시이와까여, 그런데도 이
에 대해서 어떤 사문과 바라문들은 그런 학설과 견해를 가
져 '인간이 경험하는 즐거운 느낌, 괴로운 느낌, 괴롭지도
즐겁지도 않은 느낌은 그것이 어떤 것이든 모두가 전적으
로 과거의 행위에 기인한 것이다.'라고 주장한다. 그렇게

되면, 자신이 스스로 경험해서 알고 있는 것과 어긋나고, 세상에서 인정하는 사실과도 어긋나기 때문에, 나는 그들 사문과 바라문이 잘못되었다고 설한다.

7. 시이와까여, 어떤 느낌은 그 세 가지가 겹쳐서 생긴 것이니 이런 일이 일어난다는 것은 누구나 스스로 알 수 있고 세상에서도 사실로 인정되고 있다. 시이와까여, 그런데도 이에 대해서 어떤 사문과 바라문들은 그런 학설과 견해를 가져 '인간이 경험하는 즐거운 느낌, 괴로운 느낌, 괴롭지도 즐겁지도 않은 느낌은 그것이 어떤 것이든 모두가 전적으로 과거의 행위에 기인한 것이다.'라고 주장한다. 그렇게 되면, 자신이 스스로 경험해서 알고 있는 것과 어긋나고, 세상에서 인정하는 사실과도 어긋나기 때문에, 나는 그들 사문과 바라문이 잘못되었다고 설한다.

8. 시이와까여, 어떤 느낌은 계절의 변화에 의해서 생긴 것이니 이런 일이 일어난다는 것은 누구나 스스로 알 수 있고 세상에서도 사실로 인정되고 있다. 시이와까여, 그런데도 이에 대해서 어떤 사문과 바라문들은 그런 학설과 견해를 가져 '인간이 경험하는 즐거운 느낌, 괴로운 느낌, 괴롭지도 즐겁지도 않은 느낌은 그것이 어떤 것이든 모두가 전적으로 과거의 행위에 기인한 것이다.'라고 주장한다. 그렇게 되면, 자신이 스스로 경험해서 알고 있는 것과 어긋

나고, 세상에서 인정하는 사실과도 어긋나기 때문에, 나는 그들 사문과 바라문이 잘못되었다고 설한다.

9. 시이와까여, 어떤 느낌은 예기치 못한 충격에 의해서 생긴 것이니 이런 일이 일어난다는 것은 누구나 스스로 알 수 있고 세상에서도 사실로 인정되고 있다. 시이와까여, 그런데도 이에 대해서 어떤 사문과 바라문들은 그런 학설과 견해를 가져 '인간이 경험하는 즐거운 느낌, 괴로운 느낌, 괴롭지도 즐겁지도 않은 느낌은 그것이 어떤 것이든 모두가 전적으로 과거의 행위에 기인한 것이다.'라고 주장한다. 그렇게 되면, 자신이 스스로 경험해서 알고 있는 것과 어긋나고, 세상에서 인정하는 사실과도 어긋나기 때문에, 나는 그들 사문과 바라문이 잘못되었다고 설한다.

10. 시이와까여, 어떤 느낌은 상해傷害에 의해서 생긴 것이니, 이런 느낌이 일어난다는 것은 누구나 스스로 알 수 있고 세상에서도 사실로 인정되고 있다. 시이와까여, 그런데도 이에 대해서 어떤 사문과 바라문들은 그런 학설과 견해를 가져 '인간이 경험하는 즐거운 느낌, 괴로운 느낌, 괴롭지도 즐겁지도 않은 느낌은 그것이 어떤 것이든 모두가 전적으로 과거의 행위에 기인한 것이다.'라고 주장한다. 그렇게 되면, 자신이 스스로 경험해서 알고 있는 것과 어긋나고, 세상에서 인정하는 사실과도 어긋나기 때문에, 나는

그들 사문과 바라문이 잘못되었다고 설한다.

11. 시이와까여, 어떤 느낌은 업의 익음에 의해서 생긴 것이니
[業報, 業異熟, *kammavipāka*], 이런 느낌이 일어나는 것은 누
구나 스스로 알 수 있고 세상에서 사실로 인정되고 있다.
시이와까여, 그런데도 이에 대해서 어떤 사문과 바라문들
은 그런 학설과 견해를 가져 '인간이 경험하는 즐거운 느
낌, 괴로운 느낌, 괴롭지도 즐겁지도 않은 느낌은 그것이 어
떤 것이든 모두가 전적으로 과거의 행위에 기인한 것이다.'
라고 주장한다. 그렇게 되면, 자신이 스스로 경험해서 알고
있는 것과 어긋나고, 세상에서 인정하는 사실과도 어긋나기
때문에, 나는 그들 사문과 바라문이 잘못되었다고 설한다.

12. 이렇게 설하셨을 때 유행승 몰리야 시이와까는 세존께 사
뢰었다.
훌륭하십니다, 고따마시여! 훌륭하십니다, 고따마시여!
세존께서는, 마치 넘어진 것을 일으켜 세우시고, 가려진
것을 드러내 보이시며, 미망에 빠진 자에게 길을 가리켜 주
시고, 눈 가진 자 보라며 어둠 속에서 등불을 밝혀 드신 것처
럼, 갖은 방편으로 법을 설해주셨습니다. 존자시여, 이 사
람은 존자 고따마께 귀의하옵고 법과 비구승가에 또한 귀
의합니다. 존자 고따마께서는 저를, 오늘부터 목숨이 있는
날까지 세존께 귀의한 재가신남在家信男으로 받아주소서.

## 22. 백여덟 가지 느낌

2.  비구들이여, 이제 (느낌에 대한) 백팔문百八門 법문法門 *Dhamma-pariyāya*을 설하리니, 잘 새겨들을지니라.

3.  비구들이여, 무엇이 백팔문 법문인가? 나는 방편에 따라 느낌을 두 가지로 설했고, 느낌을 세 가지로도 설했으며, 다섯 가지로, 여섯 가지로, 열여덟 가지로, 서른여섯 가지로, 때로는 백여덟 가지로 설하기도 했다. 비구들이여, 이 와 같이 나는 방편에 따라서 여러 가지로 법을 설했느니라.

4.  비구들이여, 두 가지 느낌이란 무엇인가? 육체적인 느낌 과 심적인 느낌이니, 이를 두고 두 가지 느낌이라 한다.

5.  비구들이여, 세 가지 느낌이란 무엇인가? 즐거운 느낌, 괴 로운 느낌, 괴롭지도 즐겁지도 않는 느낌이니, 이를 두고 세 가지 느낌이라 한다.

6.  비구들이여, 다섯 가지 느낌이란 무엇인가? 즐거움의 기 능[樂根 *sukhindriya*], 괴로움의 기능[苦根 *dukkhindriya*], 기 쁨의 기능[喜根 *somanassindriya*], 슬픔의 기능[憂根 *doma-nassindriya*], 평온의 기능[捨根 *upekkhindriya*]이니, 이를 두 고 다섯 가지 느낌이라 한다.

7.  비구들이여, 여섯 가지 느낌이란 무엇인가? 눈에 닿아서 [眼觸] 생긴 느낌, 귀에 닿아서[耳觸] 생긴 느낌, 코에 닿아 서[鼻觸] 생긴 느낌, 혀에 닿아서[舌觸] 생긴 느낌, 몸에 닿

아서[身觸] 생긴 느낌, 마음에 닿아서[意觸] 생긴 느낌이니, 이를 두고 여섯 가지 느낌이라 한다.

8. 비구들이여, 열여덟 가지 느낌이란 무엇인가? 기쁨으로 (대상에) 다가가는 위의 여섯 가지 느낌, 슬픔으로 (대상에) 다가가는 여섯 가지 느낌, 평온으로 (대상에) 다가가는 여섯 가지 느낌이니, 이를 두고 열여덟 가지 느낌이라 한다.

9. 비구들이여, 서른여섯 가지 느낌이란 무엇인가? 세속생활을 바탕으로 한 여섯 가지 기쁨, 출가생활을 바탕으로 한 여섯 가지 기쁨, 세속생활을 바탕으로 한 여섯 가지 슬픔, 출가생활을 바탕으로 한 여섯 가지 슬픔, 세속생활을 바탕으로 한 여섯 가지 평온, 출가생활을 바탕으로 한 여섯 가지 평온이니, 이를 두고 서른여섯 가지 느낌이라 한다.

10. 비구들이여, 백여덟 가지 느낌이란 무엇인가? 과거의 서른여섯 가지 느낌, 미래의 서른여섯 가지 느낌, 현재의 서른여섯 가지 느낌이니, 비구들이여, 이를 두고 백여덟 가지 느낌이라 한다. 비구들이여, 이것이 백팔문 법문이니라.

## 23. 비구

2. 어느 때 한 비구가 세존을 뵈러 왔다. 공손히 절을 올리고는 한 곁에 앉았다.

3. 그렇게 앉아서는 세존께 여쭈었다.

   존자시여, 느낌이란 무엇입니까? 느낌의 일어남이란 무엇입니까? 느낌의 일어남에 이끄는 길은 무엇입니까? 느낌의 그침은 무엇입니까? 느낌의 그침에 이르는 길은 무엇입니까? 느낌에 있어 달콤함이란 무엇입니까? 느낌에 있어 위험함은 무엇입니까? 그들로부터 벗어남이란 무엇입니까?

4. 비구여, 이 세 가지가 느낌이나니 즐거운 느낌, 괴로운 느낌, 괴롭지도 즐겁지도 않은 느낌, 이것을 일러 세 가지 느낌이라 한다. 촉이 일어나면 느낌이 일어난다. 갈애*taṇhā*가 곧 느낌의 일어남으로 이끄는 길이니라. 촉이 그치면 느낌이 그친다. '여덟 가지 성스러운 길'이 '느낌의 그침에 이르는 길'이니 바른 견해, 바른 사유, 바른 말, 바른 행위, 바른 생계, 바른 노력, 바른 마음챙김, 바른 집중이 그것이다. 느낌으로 인해서 즐거움과 기쁨이 생기나니, 이것이 느낌의 달콤함이다. 느낌은 무상하고 괴롭고 변하기 마련이니, 이것이 느낌에 있어 위험함이다. 느낌에 대한 욕탐을 제어하고 끊어버리면, 이것이 느낌에서 벗어남이다.

## 24. 과거 지智

2. 비구들이여, 내가 깨닫기 전, 아직 정등각을 성취하지 않은

보살이었을 때 이런 생각이 일어났다. "참으로 느낌이란 무엇인가? 느낌의 일어남이란 무엇이며, 느낌의 일어남에 이끄는 길은 무엇인가? 느낌의 그침은 무엇이며, 느낌의 그침에 이르는 길은 무엇인가? 느낌의 달콤함과 위험함은 무엇이며, 그들로부터 벗어난다는 것은 무엇인가?"라고.

3. 비구들이여, 그리고 이런 생각이 떠올랐다. 세 가지 느낌이 있나니 즐거운 느낌, 괴로운 느낌, 괴롭지도 즐겁지도 않은 느낌이다. 이를 일러 느낌이라 한다. 촉이 일어나면 느낌이 일어난다. 갈애가 느낌의 일어남으로 이끄는 길이다. 촉이 그치면 느낌이 그친다. '여덟 가지 성스러운 길'이 '느낌의 그침에 이르는 길'이니 바른 견해, 바른 사유, 바른 말, 바른 행위, 바른 생계, 바른 노력, 바른 마음챙김, 바른 집중이 그것이다. 느낌으로 인해서 즐거움과 기쁨이 생기나니, 이것이 느낌의 달콤함이다. 느낌은 무상하고 괴롭고 변하기 마련이니, 이것이 느낌에 있어 위험함이다. 느낌에 대한 욕탐을 제어하고 끊어버리면, 이것이 느낌에서 벗어남이다.

4. 비구들이여, '이것이 느낌이다'라고 하자, 나에게 이전에 들어본 적이 없는 법에 대하여 눈[眼]이 생겨났다.* 지智가 생겨

---

* [역주] 다르게 해석하면, "나에게 '이것이 느낌이다'라고 하는, 이전에 들어본 적이 없는 법에 대한 눈이 생겨났다"로 새길 수도 있다. 즉, '느낌이란 이러이러한 것이다'는 생각 자체가 법안이 열린 것이며 지혜가 생긴 것이라고 봐야 한다는 견해이다.

났다. 혜慧가 생겨났다. 명明이 생겨났다. 빛[光]이 생겨났다.

5. '이것이 느낌의 일어남으로 이끄는 길이다'라고 하자, 나에게 이전에 들어본 적이 없는 법에 대하여 눈[眼]이 생겨났다. 지智가 생겨났다. 혜慧가 생겨났다. 명明이 생겨났다. 빛[光]이 생겨났다.

6. '이것이 느낌의 일어남에 이끄는 길이다'라고 하자, 나에게 이전에 들어본 적이 없는 법에 대하여 눈[眼]이 생겨났다. 지智가 생겨났다. 혜慧가 생겨났다. 명明이 생겨났다. 빛[光]이 생겨났다.

7. '이것이 느낌의 그침이다'라고 하자, 나에게 이전에 들어본 적이 없는 법에 대하여 눈[眼]이 생겨났다. 지智가 생겨났다. 혜慧가 생겨났다. 명明이 생겨났다. 빛[光]이 생겨났다.

8. '이것이 느낌의 그침에 이르는 길이다'라고 하자, 나에게 이전에 들어본 적이 없는 법에 대하여 눈[眼]이 생겨났다. 지智가 생겨났다. 혜慧가 생겨났다. 명明이 생겨났다. 빛[光]이 생겨났다.

9. '이것이 느낌의 달콤함이다'라고 하자, 나에게 이전에 들어본 적이 없는 법에 대하여 눈[眼]이 생겨났다. 지智가 생겨났다. 혜慧가 생겨났다. 명明이 생겨났다. 빛[光]이 생겨났다.

10. '이것이 느낌의 위험함이다'라고 하자, 나에게 이전에 들어본 적이 없는 법에 대하여 눈[眼]이 생겨났다. 지智가 생겨났다. 혜慧가 생겨났다. 명明이 생겨났다. 빛[光]이 생겨났다.

11. '이것이 느낌에서 벗어남이다'라고 하자, 나에게 이전에 들

어본 적이 없는 법에 대하여 눈[眼]이 생겨났다. 지智가 생겨났다. 혜慧가 생겨났다. 명明이 생겨났다. 빛[光]이 생겨났다.


## 25. 여러 비구들

2. 어느 때 여러 비구들이 세존을 뵈러 왔다. 공손히 절을 올리고는 한 곁에 앉았다.

3. 그렇게 앉아서는 세존께 여쭈었다.

   존자시여, 느낌이란 무엇입니까, 느낌의 일어남이란 무엇입니까, 느낌의 일어남으로 이끄는 길은 무엇입니까, 느낌의 그침은 무엇입니까, 느낌의 그침에 이르는 길은 무엇입니까, 느낌의 달콤함이란 무엇입니까, 느낌의 위험함은 무엇입니까, 그들로부터 벗어난다는 것은 무엇입니까?

4. 비구들이여, 이 세 가지가 느낌이나니. 즐거운 느낌, 괴로운 느낌, 괴롭지도 즐겁지도 않은 느낌이다. 이들을 느낌이라 한다. 촉이 일어남으로써 느낌이 일어난다. 갈애가 곧 느낌의 일어남으로 이끄는 길이니라. 촉이 그치면 느낌이 그친다. '여덟 가지 성스러운 길'이 '느낌의 그침에 이르는 길'이니 바른 견해, 바른 사유, 바른 말, 바른 행위, 바른 생계, 바른 노력, 바른 마음챙김, 바른 집중이 그것이다.

   느낌으로 인해 즐거움과 기쁨이 생기나니, 이것이 느낌의 달콤함이다. 느낌은 무상하고 괴롭고 변하기 마련이니, 이것이 느낌에 있어 위험함이다. 느낌에 대한 욕탐을 제어하고 끊어버리면, 이것이 느낌에서 벗어남이다.


## 26. 사문과 바라문들(1)

2. 비구들이여, 느낌에는 세 가지가 있나니, 무엇이 그 셋인가? 즐거운 느낌, 괴로운 느낌, 괴롭지도 즐겁지도 않은 느낌이다.

3. 비구들이여, 참으로 어떤 사문이든 바라문이든 이 세 가지 느낌의 일어남과 꺼짐, 달콤함과 위험함, 벗어남을 있는 그대로 알지 못하면 그가 (비록) 사문 가운데 있어도 사문이라 할 수 없으며 바라문 가운데 있어도 바라문이라 할 수 없다. 그뿐 아니라 그들은 비록 존경은 받지만 참 사문의 길과 참 바라문의 길을 지금 여기서 스스로 알지도 못하고 실현시키지도 못하면서 그저 사문과 바라문이 되어 살아갈 뿐이다.

4. 그러나 참으로 어떤 사문이든 바라문이든 이 세 가지 느낌의 일어남과 꺼짐, 달콤함과 위험함과 벗어남을 있는 그대로 안다면 그는 사문 가운데 사문이요 바라문 가운데 바라문이라 할 것이다. 그들은 지금 여기서 바로 알고 실현시켜 참 사문과 바라문이 되어 살아가는 것이다.

## 27. 사문과 바라문들(2)

(앞의 경과 완전히 동일함. 철자법에서 앞의 경은 *samudayaṃ ca* 인데 이번 경은 *samudayañca* 식으로 다를 뿐, 번역에서는 어떤 차이도 나타낼 수 없어 생략함-옮긴이)

## 28. 사문과 바라문들(3)

3. 비구들이여, 참으로 어떤 사문이든 바라문이든 느낌을 알지 못하고, 느낌의 일어남을 알지 못하고, 느낌의 일어남에 이끄는 길을 알지 못하고, 느낌의 그침을 알지 못하고, 느낌의 그침에 이르는 길을 알지 못하고, 느낌의 달콤함과 위험함, 벗어남을 있는 그대로 알지 못하면 그는 (비록) 사문이로되 사문답다 할 수 없으며 바라문이로되 바라문답다 할 수 없다. 그뿐 아니라 그들은 지금 사문된 의의意義를, 바라문된 의의를 스스로 터득하고 실증實證하면서, 그 자리에 들어가서 머무르고 있는 것이 아니다.

4. 그러나 참으로 어떤 사문이든 바라문이든 느낌을 알고, 느낌의 일어남, 느낌의 일어남에 이끄는 길, 느낌의 그침, 느낌의 그침에 이끄는 길을 알고, 느낌의 달콤함과 위험함, 벗어남을 있는 그대로 안다면 그는 사문다운 사문이요 바라문다운 바라문이라 할 것이다. 그들은 사문의 의의를,

바라문의 의의를 지금 스스로 터득하고 실증하면서 그 자리에 들어가 머무르고 있는 것이다.


## 29. 청정한 출세간

2.  비구들이여, 느낌에는 세 가지가 있나니, 무엇이 그 셋인가? 즐거운 느낌, 괴로운 느낌, 괴롭지도 즐겁지도 않은 느낌이 곧 그 세 가지이니라.

3.  비구들이여, 세간적 희열[喜 pīti]이 있고, 출세간적 희열이 있으며, 그보다 더 큰 출세간적 희열이 또 있다. 세간적 즐거움[樂 sukha]이 있고, 출세간적 즐거움이 있고, 그보다 더 큰 출세간적 즐거움이 있다. 세간적 평온[捨 upekkhā]이 있고, 출세간적 평온이 있고, 그보다 더 큰 출세간적 평온이 있다. 세간적 해탈解脫 vimokkha이 있고, 출세간적 해탈이 있으며, 그보다 더 큰 출세간적 해탈이 있다.

4.  비구들이여, 어떤 것이 세간적 희열인가? 비구들이여, 다섯 가닥의 (감각적) 욕망이 있나니, 그 다섯은 무엇인가? 눈으로 인식되는 형상이 있으니, 마음에 들고, 사랑스럽고, 매력 있고, 유혹적이며, 욕심을 짝하고, 탐심을 부추기는 것들이다. 귀로 인식되는 소리가 있으니, 마음에 들고, 사랑스럽고, 매력 있고, 유혹적이며, 욕심을 짝

하고, 탐심을 부추기는 것들이다. 코로 인식되는 냄새가 있으니, 마음에 들고, 사랑스럽고, 매력 있고, 유혹적이며, 욕심을 짝하고, 탐심을 부추기는 것들이다. 혀로 인식되는 맛이 있으니, 마음에 들고, 사랑스럽고, 매력 있고, 유혹적이며, 욕심을 짝하고, 탐심을 부추기는 것들이다. 몸으로 인식되는 닿음이 있으니, 마음에 들고, 사랑스럽고, 매력 있고, 유혹적이며, 욕심을 짝하고, 탐심을 부추기는 것들이다. 비구들이여, 참으로 이들이 다섯 가닥의 감각적 욕망이다. 비구들이여, 이 다섯 가닥의 감각적 욕망을 반연하여 생겨나는 희열을 일컬어 세간적 희열이라 한다.

5. 비구들이여, 어떤 것이 출세간적 희열인가? 여기에 비구가 있어 감각적 욕망을 멀리하고 향상에 도움이 되지 못하는 법을 멀리한 채, 생각 일으킴과 추론적 사유를 수반하며, (불선법을) 멀리 떨쳐버린 데서 오는 희열과 즐거움이 있는 초선에 들어 머무른다. (또) 생각 일으킴과 추론적 사유가 가라앉으면서 내면적 확신이 있고, 생각 일으킴과 추론적 사유가 붙지 않는 마음의 단일성이 있으며, 삼매에서 생긴 희열과 즐거움이 있는 제 이선에 들어 머무른다. 비구들이여, 이것을 일컬어 출세간적 희열이라 하느니라.

6. 그러면 비구들이여, 어떤 것이 그보다 더 큰 출세간적 희

열인가? 번뇌를 완전히 말려버린[漏盡] 비구가 있어, 탐욕으로부터 자유로워진*vimutta* 자신의 마음을 관찰할 때, 성냄으로부터 자유로워진 자신의 마음을 관찰할 때, 어리석음으로부터 자유로워진 자신의 마음을 관찰할 때 희열이 생겨난다. 이를 일컬어 더 큰 출세간적 희열이라 한다.

7. 비구들이여, 어떤 것이 세간적인 즐거움인가? 비구들이여, 이러한 다섯 가닥의 감각적 욕망이 있나니, 그 다섯은 무엇인가? 눈으로 인식되는 형상이 있으니, 마음에 들고, 사랑스럽고, 매력 있고, 유혹적이며, 욕심을 짝하고, 탐심을 부추기는 것들이다. 귀로 인식되는 소리가 있으니, 마음에 들고, 사랑스럽고, 매력 있고, 유혹적이며, 욕심을 짝하고, 탐심을 부추기는 것들이다. 코로 인식되는 냄새가 있으니, 마음에 들고, 사랑스럽고, 매력 있고, 유혹적이며, 욕심을 짝하고, 탐심을 부추기는 것들이다. 혀로 인식되는 맛이 있으니, 마음에 들고, 사랑스럽고, 매력 있고, 유혹적이며, 욕심을 짝하고, 탐심을 부추기는 것들이다. 몸으로 인식되는 닿음이 있으니, 마음에 들고, 사랑스럽고, 매력 있고, 유혹적이며, 욕심을 짝하고, 탐심을 부추기는 것들이다. 비구들이여, 참으로 이들이 다섯 가닥의 감각적 욕망이다. 비구들이여, 이 다섯 가닥의 감각적 욕망을 반연하여 생겨나는 즐거움을 일컬어 세간적 즐거움이라 한다.

8. 비구들이여, 어떤 것이 출세간적 즐거움인가? 여기 한 비구가 있어 감각적 욕망을 멀리하고, 향상에 도움이 되지 못하는 법을 멀리한 채, 생각 일으킴과 추론적 사유를 수반하며, 멀리 떨쳐버린 데서 오는 희열과 즐거움이 있는 초선에 들어 머무른다. (또) 생각 일으킴과 추론적 사유가 가라앉으면서 내면적 확신이 있고, 생각 일으킴과 추론적 사유가 붙지 않는 마음의 단일성이 있으며, 삼매에서 생긴 희열과 즐거움이 있는 제 이선에 들어 머무른다. (또) 그는 희열마저 차츰 사라져버리면서, 마음챙기고 온전히 알아차리는 채, 평온에 머무른다. 몸으로 즐거움을 느끼면서, 성자들이 일컫는 바 '평온한 채로 마음챙겨 즐거움에 머무른다'는 바로 제 삼선에 들어 머무른다. 비구들이여, 이를 일컬어 출세간적 즐거움이라 한다.

9. 비구들이여, 어떤 것이 더 큰 출세간적 즐거움인가? 번뇌를 완전히 말려버린 비구가 있어, 탐욕으로부터 자유로워진 자신의 마음을 관찰할 때, 성냄으로부터 자유로워진 자신의 마음을 관찰할 때, 어리석음으로부터 자유로워진 자신의 마음을 관찰할 때 즐거움과 기쁨이 생기나니 이를 일컬어 더 큰 출세간적 즐거움이라 한다.

10. 비구들이여, 어떤 것이 세간적 평온인가? 비구들이여, 이러한 다섯 가닥의 감각적 욕망이 있나니, 그 다섯은 무엇

인가? 눈으로 인식되는 형상이 있으니, 마음에 들고, 사랑
스럽고, 매력 있고, 유혹적이며, 욕심을 짝하고, 탐심을 부
추기는 것들이다. 귀로 인식되는 소리가 있으니, 마음에
들고, 사랑스럽고, 매력 있고, 유혹적이며, 욕심을 짝하고,
탐심을 부추기는 것들이다. 코로 인식되는 냄새가 있으니,
마음에 들고, 사랑스럽고, 매력 있고, 유혹적이며, 욕심을
짝하고, 탐심을 부추기는 것들이다. 혀로 인식되는 맛이
있으니, 마음에 들고, 사랑스럽고, 매력 있고, 유혹적이며,
욕심을 짝하고, 탐심을 부추기는 것들이다. 몸으로 인식
되는 닿음이 있으니, 마음에 들고, 사랑스럽고, 매력 있고,
유혹적이며, 욕심을 짝하고, 탐심을 부추기는 것들이다.
비구들이여, 참으로 이들이 다섯 가닥의 감각적 욕망이다.
비구들이여, 이 다섯 가닥의 감각적 욕망을 반연하여 일어
난 바 그 평온을 일컬어 세간적 평온이라 한다.

11. 비구들이여, 어떤 것이 출세간적 평온인가? 비구들이여, 여기
한 비구가 있어 즐거움과 괴로움을 버리면서 그리고 이미 그
전에 기쁨과 슬픔이 사라져서 비구는 괴로움도 즐거움도 없으
며 마음챙김이 평온에 기인하여 극히 청정한 제 사선에 들어
머무른다. 비구들이여, 이를 일컬어 출세간적 평온이라 한다.

12. 비구들이여, 어떤 것이 더 큰 출세간적 평온인가? 번뇌
를 완전히 말려버린 비구가 있어, 탐욕으로부터 자유로

워진 자신의 마음을 관찰할 때, 성냄으로부터 자유로워
진 자신의 마음을 관찰할 때, 어리석음으로부터 자유로
워진 자신의 마음을 관찰할 때 평온이 생기나니 이를 일
컬어 더 큰 출세간적 평온이라 한다.

13. 비구들이여, 어떤 것이 세간적 해탈인가? 물질[色]과 관련
된 해탈을 세간적 해탈이라 한다.

14. 비구들이여, 어떤 것이 출세간적 해탈인가? 무색無色과 관
련된 해탈을 출세간적 해탈이라 한다.

15. 비구들이여, 어떤 것이 더 큰 출세간적 해탈인가? 번뇌를
완전히 말려 버린 비구가 있어, 탐욕으로부터 자유로워진
자신의 마음을 관찰할 때, 성냄으로부터 자유로워진 자신
의 마음을 관찰할 때, 어리석음으로부터 자유로워진 자신
의 마음을 관찰할 때 해탈이 생기나니 이를 일컬어 더 큰
출세간적 해탈이라 하는 것이다.

# 어떻게 앉는가?

## I. 마음가짐

1. 불·법·승 삼보 예경을 합니다.
2. 자비관을 합니다.
3. 팔정도의 요소들을 차례대로 숙고해봅니다.
4. 마음챙김 수행을 시작합니다.


## II. 앉는 자세

1. 품이 헐렁한 옷을 입고 허리띠를 느슨하게 매고 간단히 몸 풀기를 합니다.
2. 결가부좌 또는 반가부좌를 합니다. 각자의 체형과 조건에 따라 자세를 선택합니다. 의자를 사용할 수도 있습니다.
3. 허리를 펴서 곧게 세웁니다.
4. 가슴은 폅니다.

5. 두 손은 손바닥을 위쪽으로 하여 포개고 엄지 손가락을 서로 맞닿게 하고 아랫배 가까이 둡니다.(禪定印)

6. 턱을 약간 안으로 당기는 기분으로 머리꼭지를 하늘로 향하게 하고 코끝과 배꼽이 수직을 이루게 합니다.

7. 혀를 위로 말아서 입천장에 붙이고, 아래윗니가 가볍게 맞물리도록 합니다.

8. 눈은 반쯤 뜨거나 감습니다. 눈에 시력을 싣지 않고 힘을 뺍니다. 졸릴 때는 반개를 합니다. 즉 그냥 멀거니 뜬 채 눈길을 1~2$m$ 전방에 던져 놓습니다.

9. 온몸에 긴장을 풀고 호흡을 자연스럽게 합니다.

### III. 들숨 날숨에 대한 마음챙김[呼吸觀]

호흡관을 할 때 의식은 코끝이나 숨결이 닿는 윗입술 부분, 하단전 중에 각자 편한 데에 둡니다. 상기上氣 현상이 생기지 않도록 의식을 하단전에 모으는 것이 좋습니다.

- 마음을 집주集注하여 숨을 들이쉬고 마음을 집주하여 숨을 내쉰다.
- 숨을 길게 들이쉬면서는 '나는 길게 들이쉰다'고 알고, 길게 내쉬면서는 '나는 길게 내쉰다'고 안다. 짧게 들이쉬면서는 '나는 짧게 들이쉰다'고 알고, 짧게 내쉬면서는 '나는 짧게 내쉰다'고 안다.
- '온몸을 경험하면서 들이쉬리라' 이렇게 공부 지으며 '온몸을 경험하면서 내쉬리라'며 공부 짓는다.
- '신행身行을 가라앉히면서 들이쉬리라'며 공부 짓고 '신행을 가라앉히면서 내쉬리라'며 공부 짓는다.

불법의 대들보

# 마음챙김 *sati*

초판 2쇄 발행 2021년 4월 20일

| | |
|---|---|
| 말한이 | 활성 |
| 엮은이 | 김용호 |
| 펴낸이 | 하주락·변영섭 |
| 펴낸곳 | (사)고요한소리 |
| 등록번호 | 제1-879호 1989.2.18 |
| 주소 | 서울시 종로구 인사동길 47-5(우 03145) |
| 연락처 | 전화 02-739-6328 팩스 02-723-9804 |
| | 부산지부 051-513-6650 대구지부 053-755-6035 |
| | 대전지부 042-488-1689 |
| 홈페이지 | www.calmvoice.org |
| 이메일 | calmvs@hanmail.net |

ISBN    979-11-91224-00-9  03220

값 13,000원